LEGALMENTE INFORMADA

MIRIANE FERREIRA

LEGALMENTE INFORMADA

DESCUBRA SEUS DIREITOS E RETOME
O CONTROLE DO SEU DESTINO

Rio de Janeiro, 2024

Copyright © 2024 por Miriane Ferreira. Todos os direitos reservados.

Todos os direitos desta publicação são reservados à Casa dos Livros Editora LTDA. Nenhuma parte desta obra pode ser apropriada e estocada em sistema de banco de dados ou processo similar, em qualquer forma ou meio, seja eletrônico, de fotocópia, gravação etc., sem a permissão dos detentores do copyright.

PREPARAÇÃO	Ana Laura Valério
REVISÃO	Laila Guilherme, Juliana da Costa e Vivian Miwa Matsushita
DESIGN DE CAPA	Rafael Brum
FOTO DE CAPA	Yellow Estudio
PROJETO G. E DIAGRAMAÇÃO	Juliana Ida

Dados Internacionais de Catalogação na Publicação (CIP)
(Câmara Brasileira do livro, SP, Brasil)

Ferreira, Miriane
  Legalmente Informada / Miriane Ferreira. – 1. ed. – Rio de Janeiro: HarperCollins Brasil, 2024.

  ISBN 978-65-5511-555-0

  1. Divórcio 2. Guarda compartilhada de filhos 3. Herança e sucessão 4. Mulheres – Direitos 5. Relacionamentos 6. União estável (Direito de família) I. Título.

24-211551   CDD-347.6

Índice para catálogo sistemático: 1. Mulheres: Direito da família 347.6
Bibliotecária responsável: Cibele Maria Dias – Bibliotecária – CRB–8/9427

HarperCollins Brasil é uma marca licenciada à Casa dos Livros Editora LTDA. Todos os direitos reservados à Casa dos Livros Editora LTDA.

Rua da Quitanda, 86, sala 218 – Centro,
Rio de Janeiro/RJ – CEP 20091-005
Tel.: (21) 3175-1030
www.harpercollins.com.br

A Ele, toda honra e toda glória; e à minha mãe, que sei, lá de cima, está muito orgulhosa de mim.

Agradecimentos

Meu agradecimento aos amores da minha vida, Arthur, Manuela e Enrico, pela paciência diante da minha ausência. Vocês são minha fortaleza.

À minha irmã Patrícia, por sempre acreditar em mim.

Ao meu irmão Pascoal, que tanto comemora as minhas conquistas.

Às minhas queridas seguidoras, vocês me trouxeram a confiança necessária para estar aqui. Cada mensagem, cada gesto de apoio, cada comentário são lembranças constantes do porquê comecei e continuo nesta jornada. Saber que, de alguma forma, faço parte da vida de vocês me enche de gratidão e responsabilidade. Obrigada por estarem ao meu lado.

Agradeço também a todas as queridas da HarperCollins, que acreditaram em mim e no meu trabalho, transformando um sonho em realidade.

Sumário

INTRODUÇÃO — 11
Em defesa da mulher

CAPÍTULO 1 — 25
Começando do começo: antes do casamento

CAPÍTULO 2 — 57
O casamento e os regimes de bens possíveis

CAPÍTULO 3 — 91
Divórcio e partilha de bens

CAPÍTULO 4 — 127
Guarda e pensão dos filhos

CAPÍTULO 5 — 171
Questões de herança

CONCLUSÃO — 209
A mulher legalmente informada

RECURSOS — 219

INTRODUÇÃO

Em defesa da mulher

Este livro é resultado de muitos anos de prática do direito, mas, principalmente, é uma reunião de tudo aquilo em que acredito e do que sei que será capaz de ajudar você, minha leitora, a libertar a mulher forte que é.

Em minha carreira como advogada de família, atendi a inúmeras mulheres como você, que chegavam até mim se sentindo acuadas, sem voz, inseguras em relação ao que deveriam e poderiam fazer para se proteger em uma situação difícil — ou, pior, sem saber o que era possível fazer para sair dela. Várias já estavam casadas com o que comecei a chamar de "princesos": homens acomodados, mimados, que querem tudo na mão e desde o comecinho já não tratam muito bem a mulher. Fique de olho neles!

Essa insegurança que vejo em minhas clientes e, mais recentemente, em tantas das minhas seguidoras nas redes sociais não é para menos: quando não sabemos quais são os nossos direitos, ficamos sem poder de escolha, e aí é impossível mostrar toda a nossa força.

As mulheres, muitas vezes, me procuravam já tendo tomado decisões que não eram justas para a vida delas, para o patrimônio, para a tranquilidade delas e dos filhos. E eu sei que, se elas tivessem tido acesso a informações mínimas sobre tudo a que tinham direito, teriam tomado decisões bem melhores — às vezes, nem precisariam de mim! Se você souber seus direitos, nunca será passada para trás.

Esse foi o principal motivo para eu criar meu curso, o Legalmente Poderosa, e escrever este livro. Acredito que ter informações jurídicas bem embasadas é um caminho de proteção. É importante você saber que, no direito, cada caso é um caso e sempre existem exceções. Então, meus conselhos aqui não substituem uma consulta a um advogado, está bem? Mas, pelo menos, você vai chegar lá bem mais ciente de seus direitos!

Por que o direito de família?

Se está lendo este livro, talvez você já me conheça um pouco, né? Mas pode não saber que nem sempre eu quis trabalhar com direito de família. Esse ramo do direito regulamenta e defende tudo o que tem a ver com o núcleo familiar, os relacionamentos entre essas pessoas, seus direitos e deveres. Hoje percebo quanto essa área é essencial: essas leis e convenções afetam literalmente todos nós desde o nascimento até a morte, embora, muitas vezes, a gente não conheça bem nossos direitos. Apesar de eu sempre ter sabido disso, quando entrei na faculdade — e, na verdade, até o último ano dela —, meu desejo era ser juíza. Só que isso foi antes de eu ter contato com a realidade das mulheres, especialmente as mais carentes, no Núcleo de Práticas Jurídicas, uma espécie de estágio obrigatório. Casos de divórcio, guarda, pensão, partilha eram o que mais chegava lá... Algo ali me revoltava: não só elas não sabiam quais eram seus direitos como tinham certeza de que só tinham direito àquilo que o ex-companheiro lhes dissera!

Minha indignação tinha motivo: eu sou filha de mãe solo que criou quatro filhos em uma cidade muito pequena sem a ajuda de ninguém. Imagine isso décadas atrás! Ela sofreu muitos preconceitos e abusos — e eu, já adulta, repeti esse ciclo e também me envolvi em relacionamentos abusivos. Uma mulher insegura e desinformada é a presa mais fácil do mundo para isso, e era meu caso. Eu me via e via minha mãe nas mulheres que atendia, então fui me especializar na área.

Por isso, sempre digo que não escolhi o direito de família, foi ele que me escolheu. Hoje consigo ajudar, também com meu trabalho na internet, milhares de mulheres a evitar situações pelas quais eu mesma passei. E pode acreditar: até hoje sinto na pele como é viver ameaçada por homens que querem sempre sair por cima e enganar. Exatamente por dar conselhos para as mulheres se protegerem, sofro ameaças constantes à minha vida e à da minha família. É comum receber mensagens de homens dizendo que vão me encontrar na rua e me fazer algum mal. Claro, não é fácil, mas eu realmente acredito no que faço e sei que ter informação jurídica pode fazer a diferença para uma mulher se libertar.

Este livro é uma continuação desse trabalho. Nele, você vai ter contato com algumas histórias que, infelizmente, são bem comuns e podem acontecer com qualquer uma de nós. Algumas vieram de clientes minhas, outras, de relatos de seguidoras; algumas têm final feliz, outras, nem tanto. Todas tiveram nomes e informações como empregos, por exemplo, alterados, para não serem identificadas. É a partir delas que eu vou te ensinar como se proteger e não ser mais uma vítima.

Divórcio: é um direito seu, mas nem sempre foi assim

Quantas amigas suas, se não você mesma, já se separaram? Pois é, a gente sabe que é uma situação supercomum na vida dos casais. Como preferimos não pensar muito nisso, acabamos não conhecendo nossos direitos (mas o Capítulo 3 vai resolver isso para você!).

O divórcio é uma realidade para cerca de uma em cada três famílias brasileiras — em 2021, por exemplo, houve mais de 386 mil pedidos de divórcios, um aumento de quase 17%, ou mais de 55 mil casos, em relação a 2020 (os casamentos, no entanto, cresceram mais ainda: foram pouco mais de 932 mil, um aumento de 23,2% em relação ao ano anterior). O tempo médio de casamento, hoje, para quem se divorcia, é de 13,6 anos, o que mostra que, ao contrário do

| Em defesa da mulher

que muita gente pensa, trata-se, na maioria das vezes, de casais que, de fato, tentaram fazer o casamento funcionar por um bom tempo.[1]

Apesar disso, muitas mulheres ainda sentem vergonha de ter um relacionamento "fracassado". Mas não deveriam: foi muita luta para o divórcio ser uma possibilidade legal. Só aconteceu em 1977 — faz pouquíssimo tempo! Antes disso, havia o chamado princípio de indissolubilidade do casamento. Isso queria dizer que as pessoas eram obrigadas a ficarem casadas para sempre! (Bom, pelo menos diante da lei, né?) Caso se separassem, não seria de modo oficial e nenhuma das partes poderia voltar a se casar. Claro que isso prejudicava muito mais as mulheres, já que os homens acabavam tendo relacionamentos extraconjugais, algo que, no caso delas, era muito malvisto.

A primeira mulher a se divorciar no país foi Arethuza Figueiredo de Aguiar, então juíza de paz, somente três dias depois de a lei ser sancionada.[2] Olhe só: por ter estudado direito, ela possuía absoluta consciência de

---

1. CARNEIRO, Lucianne. Divórcios voltam a bater recorde no Brasil, diz IBGE. *Valor Investe*, 16 fev. 2023. Disponível em: https://valorinveste.globo.com/mercados/brasil-e-politica/noticia/2023/02/16/divrcios-voltam-a-bater-recorde-no-pas-diz-ibge.ghtml. Acesso em: 20 jan. 2024.

2. ASSESSORIA de Comunicação do IBDFAM. 45 anos da Lei do Divórcio: IBDFAM entrevista a primeira mulher a se divorciar no país. *Instituto Brasileiro de Direito de Família*, 7 dez. 2022. Disponível em: https://bit.ly/4coYGPD. Acesso em: 10 jun. 2023.

todos os seus direitos e, por isso, pôde regularizar sua situação bem rápido. Como ela já era desquitada, a separação e a partilha de bens eram possíveis, mas nem ela nem o marido podiam se casar de novo, mesmo não estando juntos havia muitos anos. Não à toa, ela, também especializada em direito de família, lutava pela instituição do divórcio em palestras e entrevistas.

Deu certo, mas, mesmo depois de aprovado, ainda havia questões que dificultavam o pleno acesso aos direitos. A principal era o instituto da separação de corpos, que significava que era preciso ficar dois anos separado de fato, ou seja, não vivendo junto, mas ainda casado, para só então poder pedir divórcio. A ideia era estimular a reconciliação do casal (pense, por exemplo, em um relacionamento abusivo, do qual já é difícil para uma mulher sair, imagine ter que continuar casada, pensando em se reconciliar!). Essa obrigatoriedade acabou com a chegada da Emenda Constitucional 66, de 2010, mas o instituto da separação de corpos existiu até 2023. Também foi essa emenda que determinou que não é preciso autorização nem consentimento do outro cônjuge para abrir um pedido de divórcio. Ponto para as mulheres.

Este breve histórico foi só para mostrar como tem sido complicado garantir os direitos na área de família (principalmente porque temos que lutar contra forças muitas vezes machistas). Mas não se preocupe, porque, ao longo do livro, vou explicar todas as situações que podem te colocar em risco.

| Em defesa da mulher

Relacionamentos abusivos

Se os números dos divórcios no Brasil foram impressionantes para você, talvez seja ainda mais impactante pensar em quantas mulheres brasileiras estão atualmente vivendo relacionamentos abusivos: são três em cada cinco.[3]

Mas o que é um relacionamento abusivo? Bem, o Center for Relationship Abuse Awareness [Centro para Conscientização sobre Relacionamentos Abusivos], nos Estados Unidos, define como "um padrão de comportamentos abusivos e coercivos usados para manter o poder e o controle sobre um parceiro íntimo ou uma parceira íntima. O abuso pode ser emocional, financeiro, sexual ou físico e incluir ameaças, isolamento e intimidação".[4] Veremos alguns exemplos disso ao longo do livro, nas histórias recriadas de diversas mulheres.

Embora essa definição fale de um abuso contra uma parceira atual, você precisa saber que ele pode continuar, mesmo após a separação e o divórcio — por exemplo, vou falar mais para a frente sobre fraudes que podem ser cometidas tanto ao

---

3. REDAÇÃO Marie Claire. #TambémÉViolência: 3 em cada 5 mulheres são vítimas de relacionamento abusivo. *Marie Claire*, 23 set. 2016. Disponível em: https://revistamarieclaire.globo.com/Noticias/noticia/2016/09/tambemviolencia-3-em-cada-5-mulheres-sao-vitimas-de-relacionamento--abusivo.html. Acesso em: 10 jun. 2023.

4. THE CENTER for Relationship Abuse Awareness. *What is Relationship Abuse*. Disponível em: https://stoprelationshipabuse.org/educated/what-is-relationship-abuse/. Acesso em: 10 jun. 2023.

longo do casamento quanto depois da separação e das quais é possível, sim, se proteger. Essa violência patrimonial, psicológica e moral está definida, inclusive, na Lei Maria da Penha, embora, infelizmente, seja bem raro uma mulher denunciar.

> Art. 5º – Para os efeitos desta Lei, configura violência doméstica e familiar contra a mulher qualquer ação ou omissão baseada no gênero que lhe cause morte, lesão, sofrimento físico, sexual ou psicológico e dano moral ou patrimonial:
> I – no âmbito da unidade doméstica, compreendida como o espaço de convívio permanente de pessoas, com ou sem vínculo familiar, inclusive as esporadicamente agregadas;
> II – no âmbito da família, compreendida como a comunidade formada por indivíduos que são ou se consideram aparentados, unidos por laços naturais, por afinidade ou por vontade expressa;
> III – em qualquer relação íntima de afeto, na qual o agressor conviva ou tenha convivido com a ofendida, independentemente de coabitação.[5]

O abuso econômico, infelizmente, é um dos mais comuns para mulheres. Isso porque, apesar dos enormes avanços

---

5. BRASIL. Presidência da República. Lei nº 11.340, de 7 de agosto de 2006. Brasília, DF: *Diário Oficial da União*, 2006. Disponível em: https://www.institutomariadapenha.org.br/assets/downloads/lei-11340-2006-lei-maria-da-penha.pdf. Acesso em: 19 jun. 2023.

feitos em toda a sociedade, elas ainda são a parte mais frágil da equação. Afinal, a gente sabe que, por mais direitos que tenhamos (ainda bem!), muito do poder ainda fica nas mãos dos homens. Há mulheres que não trabalham fora de casa (o que não significa que não tenham direitos) e, ainda, aquelas que são obrigadas a entregar seu dinheiro ao marido. Há até quem obrigue a mulher a entregar seus cartões, tire o acesso dela à conta bancária, permitindo que faça compras apenas com autorização.

Mulher nenhuma deve se sentir dependente financeiramente do parceiro para poder atender às suas necessidades — nem as básicas, como comida, educação e moradia, nem as sociais, como roupa e entretenimento. Isso é, mais uma vez, uma forma de controle e caracteriza abuso econômico. É claro que, enquanto está acontecendo, muitas mulheres têm dificuldade de reconhecer essa situação como uma violência. E, quando reconhecem, é difícil de provar que houve manipulação, já que o argumento vai recair sobre a aceitação dela em viver assim.

O abuso financeiro, porém, não é o único: existe ainda o abuso psicológico ou emocional, muitas vezes mais difícil ainda de identificar. Embora possa ser difícil caracterizá-lo, ele sempre envolve uma pessoa em situação de poder que deliberadamente causa sofrimento à outra parte. Pode ser um marido que proíbe a mulher de sair de casa e ver as amigas; que a critica duramente e repetidas vezes; que a humilha em público, entre outras situações. Isso pode levar, segundo psicólogos, a depressão, ansiedade e medo — porque, além da pressão psicológica, costuma haver também ameaça de violência física.[6]

Se você se reconheceu em qualquer uma dessas definições de abuso, proteja-se. Além de tomar todas as medidas judiciais que vou ensinar neste livro, você pode entrar em contato pelo telefone 180 e procurar órgãos como a Casa da Mulher Brasileira e as Delegacias de Atendimento à Mulher.

Cuidar da casa é trabalho, sim!

Agora, preciso falar a verdade: eu acho que nós, mulheres, temos dado muita folga para os homens. Isso porque, sim, nós fomos à luta e conquistamos nossos direitos, mas não dividimos os deveres. Esse ingresso da mulher no mercado de trabalho não foi acompanhado por uma divisão justa do trabalho invisível desempenhado por todas nós, que são os cuidados com a casa e a família.

Uma pesquisa do Núcleo de Estudos sobre Desigualdade e Relações de Gênero da Universidade Estadual do Rio de Janeiro (UERJ) em 2016 descobriu que homens solteiros dedicam cerca de treze horas por semana a tarefas domésticas e mulheres, dezenove. Quer saber o problema maior? É que,

---

6. ABUSO psicológico afeta tanto saúde mental como física: como identificar. *Sociedade Brasileira de Psicologia*, [s.d.]. Disponível em: https://sbponline.org.br/2020/04/abuso-psicologico-afeta-tanto-saude-mental-quanto-fisica-como-identificar. Acesso em: 29 ago. 2023.

Em defesa da mulher

depois de se casarem, os homens passam a dedicar só doze e as mulheres pulam para 29![7]

Outra pesquisa sobre as desigualdades entre homens e mulheres no trabalho doméstico não remunerado foi além e comparou a realização de tarefas domésticas por tipo entre pessoas de 25 a 49 anos. As mulheres realizaram mais de todos os tipos de tarefa: preparar alimentos, servir e lavar louça; cuidar da limpeza e da manutenção de roupas e sapatos; limpar e arrumar casa, garagem, quintal e jardim; cuidar da organização da casa, contratando funcionários, por exemplo; fazer compras e pesquisar preços; e cuidar de animais domésticos. Ufa! Os homens? Só ganharam mesmo no que dizia respeito a pequenos reparos ou manutenção na casa, no carro ou em equipamentos.[8] Ou seja, você saiu, trabalhou, chegou em casa tarde igualzinho a ele e, ainda assim, ele quer que você deixe o jantar prontinho *e* pague as contas da casa? Nada disso! Exija, sim, responsabilidades dele: nada de criar princesos, hein?

Então, hoje, na maioria dos casos, ainda é a mulher que cuida de fato da casa e dos filhos, mesmo trabalhando fora e dividindo as contas. E o pior de tudo é que, infelizmente,

---

7. NITAHARA, Akemi. Desigualdade de gênero no Brasil aumenta com casamento. *Agência Brasil*, 29 ago. 2017. Disponível em: bit.ly/3ykf31O. Acesso em: 19 jun. 2023.

8. GARCIA, Bruna Carolina; MARCONDES, Glaucia dos Santos. As desigualdades da reprodução: homens e mulheres no trabalho doméstico não remunerado. *Revista Brasileira de Estudos de População*, v. 39, 2022. Disponível em: bit.ly/3LJVGCq. Acesso em: 19 jun. 2023.

ainda há quem insista que as tarefas domésticas não constituem um trabalho verdadeiro e que uma mulher que dedica sua vida inteira a essas atividades não tem direito a nenhum patrimônio em caso de separação. Esse pensamento está longe da realidade. Abordarei todas as possibilidades de partilha mais adiante, mas é importante que você saiba que, como dona de casa, também possui direitos. Sua contribuição é valiosa e fundamental para a construção do patrimônio familiar, e isso deve ser reconhecido e respeitado. Mas, para encontrar a força necessária e lutar pelo que é seu por direito, é essencial que você se conscientize da importância do seu papel. Compreenda que, mesmo não tendo participado diretamente na aquisição dos bens, sua dedicação e esforço foram indispensáveis para que eles existissem. Valorize-se e não permita que sua atuação seja menosprezada!

Gostaria de compartilhar um pouco da minha história para destacar a importância de você ter a sua renda. Passei pela experiência de depender totalmente do dinheiro do meu ex-marido e posso afirmar que só comecei a viver de verdade quando passei a trabalhar e a ter minha independência financeira. Antes disso, eu apenas sobrevivia. No mundo ideal, os rendimentos do casal seriam compartilhados sem distinção, refletindo o verdadeiro propósito do casamento — uma comunhão de vidas. No entanto, sabemos que alguns homens podem esconder ganhos ou não fornecer o que a mulher precisa, usando o dinheiro como forma de subjugar e humilhar. Meu conselho é que você busque ser financeiramente independente e, sempre que possível, mantenha uma reserva e destine uma parte significativa do seu salário para si mesma. Afinal, manter-se bem cuidada e arrumada não é barato! E isso não é apenas uma questão de vaidade, mas também de bem-estar emocional e psicológico. Além disso, garantir que a responsabilidade pelas despesas maiores fique com o homem pode compensar o trabalho excessivo que você realiza dentro de casa.

Aqui vai um aviso importante: mesmo que você ganhe mais do que seu parceiro, é possível que ele aja como provedor. Permita que ele se sinta responsável por vocês utilizando o dinheiro dele também. Se for necessário complementar depois, não tem problema algum. Sua postura será decisiva nesse processo. Apenas lembrando que ser provedor não significa apenas contribuir financeiramente, mas também priorizar a esposa e a família, assumindo responsabilidades e estando presente nos momentos difíceis. Um verdadeiro homem é aquele que, diante de qualquer problema, segura sua mão e diz: "Deixa que eu resolvo!". E isso envolve muito mais atitude e comprometimento do que apenas dinheiro. Amiga, com base nos relatos das milhares de mulheres que já atendi, posso afirmar que o homem não valoriza aquela companheira que paga tudo para ele. Quando isso acontece, ele acaba se sentindo inadequado em seu papel e tenta se autoafirmar com comportamentos destrutivos, como traição ou minando sua autoestima. Por isso, não tenha medo de dar um pouco de despesa e trabalho; é importante que ele sinta a necessidade de se esforçar para estar ao seu lado e valorize você como merece.

Antes de passarmos para nossos assuntos principais e você ficar sabendo de uma vez *toooodos* os seus direitos, vale fazer um adendo: este livro, como você percebeu pela introdução, vai focar os relacionamentos entre homens e mulheres, porque são a maioria dos casos que atendi na vida. Isso não quer dizer que pessoas que estejam em outro tipo de relacionamento não possam tirar daqui conselhos válidos.

Afinal, se proteger e estar bem ciente dos seus direitos nunca é demais, né?

CAPÍTULO 1

Começando do começo: antes do casamento

Engana-se quem pensa que os problemas de relacionamento e relativos a direito de família só acontecem depois do casamento formalizado. Antes disso, existem vários aspectos que devem ser considerados pela mulher que quer se proteger, garantir seus direitos e, principalmente, forjar um caminho para um bom casamento lá na frente. Tanto o namoro quanto a união estável têm características específicas, e neste capítulo vou explicar direitinho quais são os seus direitos e o que deve ser considerado em cada uma dessas fases.

Namoro firme: seu período de teste

Vivian e Pedro se conheceram no trabalho, uma empresa de seguros: ela, assistente financeira, e ele, assistente de logística — ou seja, passava a maior parte do seu dia circulando entre os andares do escritório, levando documentos de um departamento a outro e também fazendo entregas externas. Foi numa dessas idas e vindas que o rapaz chamou Vivian para sair, e ela, solteira e achando Pedro interessante, aceitou.

Naquela noite, num bar perto da empresa, eles começaram a se conhecer melhor. Ela pediu dois sucos; ele, uma cerveja, e os dois dividiram uma porçãozinha. Na hora da conta, Pedro quis que cada um pagasse exatamente o que consumiu, porque não tinha muito dinheiro. Na hora, Vivian não se importou, claro, e os encontros seguiram assim. Um mês depois, eles já estavam namorando.

Vivian já morava sozinha, e Pedro ainda estava na casa da família. Os dois se viam algumas vezes durante a semana e passavam o fim de semana juntos, na maioria das vezes na casa dela. Com estímulo de Vivian, que achava que ele devia ser mais independente, Pedro decidiu alugar e mobiliar um apartamento pequenininho, só para ele. Como o salário dele não era lá essas coisas e ela, além do salário, fazia renda extra dando aulas de dança, Vivian quis ajudar: comprou alguns móveis e eletrodomésticos, parcelados, para mobiliar a casa nova dele. Afinal, ela também ia passar dias por lá — mesmo que amasse sua casa e nem pensasse, por enquanto, em morar com ele.

Oito meses depois, Pedro foi demitido. Para piorar, ele já estava com o nome sujo por não conseguir pagar as parcelas dos móveis. O seguro-desemprego mal cobria o aluguel, então, Pedro teve a ideia de comprar uma moto para fazer entregas por aplicativo até conseguir um trabalho fixo. Mas, como o CPF dele estava com restrições, o financiamento teria que ser no nome da Vivian. No início, ela ficou receosa, mas acabou concordando, afinal, com o dinheiro das entregas, ele conseguiria pagar as parcelas. Na verdade, ela se sentia um pouco responsável por ele, já que Pedro saiu da casa da mãe por influência dela.

Acontece que, mesmo com a moto, Pedro passava a maior parte do dia em casa, dormindo ou jogando videogame, dizendo que não entravam muitas entregas. Logo na segunda parcela, deu o cano e sobrou para Vivian pagar — e ela acabou pagando outras trinta parcelas. Afinal, as poucas entregas que Pedro fazia eram essenciais para ele se manter, mesmo que, quando saíam de vez em quando, fosse Vivian quem pagasse a conta.

Quase dois anos depois, Pedro encontrou um emprego CLT, fazendo entregas para uma empresa. Nesse momento, só faltavam seis parcelas para quitar a moto, e, segundo Pedro, a empresa exigia que o veículo estivesse no nome dele. Então, ele e Vivian conversaram e transferiram a moto para Pedro, e ele assumiria o pagamento de metade das parcelas faltantes — e, depois, ele faria um pagamento mensal para Vivian, até devolver tudo o que ela havia pagado. Mas qual não foi a surpresa de Vivian quando, seis meses depois, Pedro terminou o namoro. Vivian até ficou triste, mas, no fundo, um pouco aliviada: ela sabia que podia achar alguém melhor. Pediu, então, que ele lhe devolvesse a moto e alguns dos eletrodomésticos que ela havia comprado tempos atrás para o apartamento dele, mas Pedro se recusou, dizendo que tudo aquilo tinha sido presente.

No final, Vivian ficou sem o namorado, sem o dinheiro e sem os bens que deviam ser seus!

Antes de eu explicar todos os problemas que vejo na história da Vivian — e como ela poderia ter evitado! —, é importante entendermos o que, afinal, é namoro e como ele se diferencia de outros tipos de relacionamento, principalmente a união estável (porque a confusão entre os dois é bem comum). Apesar de não estar definido em lei, a gente entende que o namoro é aquela relação entre duas pessoas que estão se conhecendo, não vivem juntas e não têm, no momento, intenção de formar família. Um relacionamento, portanto, como o de Vivian e Pedro, em que cada um tinha sua casa e, apesar de conviverem bastante, inclusive com os familiares um do outro, não tinham intenção de dar um passo adiante na relação.

Um namoro, na minha opinião, é um período de teste em que você vai entender quem é aquele homem, se vale a pena se relacionar ou se ele é um princeso. É importante ter

Começando do começo: antes do casamento

bem claros quais são os pontos mais importantes para você. Para mim, por exemplo, não existe essa de um homem querer dividir conta no primeiro encontro (nem em encontro nenhum). Claro, nós, mulheres, sempre devemos nos oferecer para pagar, mas, na minha opinião, se ele aceitar... fuja! Isso é mais grave ainda quando o homem tem boas condições financeiras e mesmo assim se presta a esse papelão. Se ele ganha menos, o ideal é que leve a pretendente a um lugar que possa pagar, mesmo que seja mais simples.

Do mesmo jeito, se você acredita que um marido ideal deve trabalhar bastante e ter espírito de provedor, ser capaz de pagar as contas da casa, ainda que com você ajudando, é preciso ver se desde o namoro ele é assim. No caso de Vivian, por exemplo, já dava para perceber que ralar não era muito do feitio de Pedro.

Independentemente de quanto tempo dure, o namoro, por definição, não tem consequência patrimonial. Isso significa que nenhuma parte (isto é, nenhuma das pessoas envolvidas) tem direito a nada da outra, não há regime de bens. Isso inclui, entre outras coisas, presentes que um dê ao outro. Sabe aquele anel de namoro ou bolsa de marca? Pois é: ao terminar, você não é obrigada a devolver!

Quando Vivian decidiu mobiliar o apartamento de Pedro, ela efetivamente deu todos aqueles itens de presente para ele, porque não manteve registro de que era, na verdade, uma ajuda, um empréstimo. O final da história seria outro se ela tivesse mandado um WhatsApp para ele, dizendo, de forma sutil, que o que ela comprou era dela, mas que ele poderia usar por enquanto. Já em relação à moto, o correto seria ter realizado um contrato de compra e venda. Mas, se ela tivesse, no mínimo, um histórico de mensagens comprovando todos os acontecimentos, tudo ficaria mais fácil. Porém, essas conversas salvas só serão válidas se ela tiver feito uma ata notarial no cartório dos trechos mais importantes.

Claro que Vivian pode abrir um processo judicial para pedir de volta tudo o que pagou, e é o que eu recomendaria. No entanto, se ela não tiver nada que contraponha a versão de Pedro de que se tratavam de presentes, será a palavra de um contra a do outro, e a dificuldade de uma vitória na Justiça será maior.

Então, voltamos ao que falei anteriormente: proteja seus direitos, e nada de ficar perdendo tempo! Se logo no início ele der sinais de que não vai te valorizar como você merece, ou que você terá que ceder em pontos que, a princípio, eram inegociáveis, termine! E sim, eles geralmente dão sinais; nós é que preferimos ignorar. Agora, se o "princeso" pedir dinheiro emprestado, fuja para as colinas sem nem olhar para trás!

Mas e aquele namoro que dura anos e mais anos, com a mulher querendo se casar, mas sendo enrolada — será que ela tem direito a alguma indenização? Em regra, não, embora tenha quem abra processo por danos morais no fim do relacionamento. Indenização financeira , a princípio, só existirá em situações como, por exemplo, de ela ou os pais terem pagado por uma festa de casamento ou lua de mel que acabou não acontecendo em razão do término. Apenas lembrando que, na Justiça, cada caso é um caso.

> Começando do começo: antes do casamento

Contrato de namoro: isso pode?

Se você tem um namoro simples, que não possui nenhum traço de união estável (e isso por si só é difícil de estabelecer; mais à frente vou definir o que exatamente constitui esse tipo de relacionamento), existe a possibilidade de firmar o que chamamos de contrato de namoro. Mas até com isso é preciso tomar cuidado — já que ele pode acabar favorecendo a parte que tem mais poder financeiro. Quer ver?

■ ■ ■

Marcela conheceu Francisco quando os dois tinham 25 anos, em 2017. Desde o começo, se deram superbem. Eles tinham muito em comum: além de gostarem de frequentar os mesmos bares e restaurantes, ambos eram formados em administração de empresas, mas por faculdades diferentes. Ela trabalhava no departamento de auditoria de uma pequena empresa, enquanto ele estava abrindo seu próprio negócio, uma consultoria de vendas para empresários.

Para Marcela, o namoro seguia ótimo, com uma rotina tranquila — viam-se quase todos os dias, às vezes saindo, às vezes ficando em casa, quase sempre no apartamento dele. Mais ou menos um ano depois, Francisco a chamou para uma conversa e explicou que queria que assinassem um contrato de namoro. Basicamente, esse contrato dizia que os dois tinham um relacionamento afetivo sem vínculo matrimonial, que não havia intenção no momento de constituir família e que um não tinha direito aos bens do outro naquele ponto da relação. Marcela, achando que os termos não tinham nada de mais, assinou, e o namoro seguiu como antes.

Três anos depois, em 2020, Marcela e Francisco decidiram morar juntos. Afinal, estavam começando a falar sobre casar e ter um filho dali a não muito tempo; seria uma ótima maneira não apenas de ficarem juntos e testarem a convivência familiar, como também de economizarem para esses planos conjuntos. Como o apartamento dele era próprio, ela abriu mão de seu contrato de aluguel, assumiu a multa sozinha e mudou-se para lá.

A pandemia acabou sendo um excelente momento profissional para Francisco, que já aplicava técnicas de marketing digital para divulgar sua consultoria. A empresa, em três ano, triplicou de tamanho! Em decorrência disso, Francisco adquiriu cinco salas comerciais, trocou de carro (pagando à vista!) e até comprou um apartamento maior, com quartos extras pensando em futuros filhos (mas deixou no nome dele).

Só que essa ascensão profissional também acabou causando estresses no relacionamento: agora ele trabalhava demais, pouco ficava em casa, e Marcela, além de estar construindo sua própria carreira aos poucos, era a única responsável por fazer o lar funcionar, administrando a limpeza, contratando funcionários para pequenas manutenções, fazendo compras, até decidindo a decoração do apartamento novo!

Com o aumento das responsabilidades e a pressão do sucesso, Francisco começou a beber mais do que de costume. O álcool trouxe à tona um lado dele que Marcela nunca havia visto. Ele se tornou rude e, por vezes, agressivo. Marcela passou por várias situações constrangedoras, desde discussões em público até momentos em que Francisco chegava em casa embriagado, gritando e fazendo escândalo. A gota d'água veio em uma noite de 2024. Francisco, após uma série de reuniões estressantes, chegou em casa visivelmente alterado e começou a discutir com Marcela sem nenhum motivo, e a discussão rapidamente escalou para agressões verbais. Francisco a insultou de maneira cruel, atacando sua aparência física e menosprezando todo o esforço que ela dedicava ao relacionamento e ao lar.

Decidida a dar um basta naquela situação, Marcela pegou algumas de suas coisas e correu para a casa de uma amiga. No dia seguinte, foi à delegacia da mulher e registrou um boletim de ocorrência por violência doméstica. Com base na denúncia, foi concedida uma medida protetiva contra Francisco, obrigando-o a deixar o apartamento para que Marcela pudesse retornar. Embora o imóvel estivesse em nome dele, o mais importante era que ali era a moradia dela, e as questões relativas à propriedade do imóvel seriam discutidas depois.

O que Marcela não esperava era que Francisco fosse usar o contrato de namoro contra ela, dizendo que não teria direito a nada. Decepcionada, Marcela resolveu procurar uma especialista na área. A advogada explicou que o contrato de namoro tinha validade legal, mas que poderia haver brechas caso ela conseguisse provar que houve união estável, mesmo sem a intenção inicial de constituir família. Marcela decidiu lutar por seus direitos e reuniu provas que evidenciavam que o que ela vivia era, sim, uma união estável, inclusive testemunhos de pessoas que conheciam a dinâmica do casal.

Para Marcela, a luta por justiça lhe dava forças. Ela esperava que sua história servisse de exemplo e alerta para outras mulheres, incentivando-as a se informarem, defenderem seus direitos e nunca aceitarem menos do que merecem.

E Marcela está corretíssima em suas convicções. Ela sabe da importância que teve no crescimento profissional de Francisco. No meu escritório, já presenciei várias situações em que homens muito ricos e influentes tentavam tirar os direitos das mulheres com quem compartilhavam a vida, mulheres que haviam dedicado horas importantes de seu tempo aos cuidados deles.

Existe uma crença limitante, inclusive entre as próprias mulheres, de que o papel desempenhado por elas vale

Começando do começo: antes do casamento

pouco. Isso leva ao equivocado entendimento de que não são merecedoras da metade do que foi adquirido durante a união por não terem contribuído financeiramente de forma direta. Esse pensamento precisa ser superado. Ao reconhecerem o valor do seu papel, as mulheres se fortalecem para lutar pelos seus direitos.

Acontece que, desde que o contrato de namoro começou a ser mais divulgado (inclusive com reportagens sobre essa possibilidade em vários veículos de mídia), muita gente passou a usar esse recurso para desvirtuar ou tentar descaracterizar uma união estável que garantiria direitos patrimoniais a ambas as partes. Isso se tornou um verdadeiro desafio porque um contrato de namoro é uma construção jurídica que não existe na lei. O que existe e está definido é a união estável.

Diferenciar a união estável de um namoro mais sério não é nada simples. O Código Civil determina que, para se caracterizar uma união estável, a convivência deve ser pública, contínua, duradoura, e com o objetivo de constituição de família. Ou seja, o que acaba de ser descrito se encaixa perfeitamente em muitos namoros que conhecemos. O grande pretexto para quem, na hora de separar, não quer dividir nada, é o argumento de que nunca teve a intenção de formar uma família. Mas como comprovar algo tão íntimo e subjetivo, já que não é necessário ter filhos e nem morar junto para caracterizar a união estável?

Alguns entendimentos jurídicos até fazem uma distinção entre "namoro simples" e "namoro qualificado". O namoro simples, de acordo com uma definição, seria "aquele sem muito compromisso, pouco divulgado, sem continuidade e de tempo curto".[9] Já o namoro qualificado se trata de uma fase intermediária, que antecede a união estável, em que já existe a intenção de constituir família.

E essa subjetividade dá uma confusão... Afinal, nem os juízes têm muita clareza dessa diferenciação dos estados, tanto que há casos parecidos julgados de formas diferentes. Para se proteger e garantir seus direitos, nossa amiga Marcela precisou juntar diversas provas de que o que viviam era mesmo uma união estável, pelo menos desde o momento em que eles passaram a viver juntos (logo a seguir, explico em detalhes quais são as provas mais importantes para isso). Se o juiz decidir que eles viviam uma união estável, o contrato de namoro será anulado e valerá o regime de bens da comunhão parcial.

Viu por que eu sempre recomendo que você guarde provas de tudo que se passa no seu relacionamento? A gente nunca sabe quando vai precisar.

Quando o contrato de namoro é válido?

Apesar de muitas vezes o contrato de namoro poder ser usado como forma de fraudar o direito das mulheres (que, historicamente, estão em posição de menos poder e privilégio

---

9. MANHÃES, Clarissa de Castro Pinto. O contrato de namoro e o ordenamento jurídico brasileiro. *Instituto Brasileiro de Direito de Família*, [s.d.]. Disponível em: bit.ly/3YreGgo. Acesso em: 10 jul. 2023.

do que os homens), ele pode, sim, quando bem usado, ser um instrumento de proteção.

A procura pelos contratos de namoro vem crescendo significativamente. Até 2015, segundo o Colégio Notarial do Brasil, só eram registrados sete contratos por ano no país. Em 2022, já eram 92.[10] O recorde foi alcançado em 2023, com 126 acordos desse tipo, um aumento de 35% em comparação a 2022. Apesar de 126 contratos parecerem um número insignificante perto dos 211 milhões de habitantes do Brasil, esse aumento progressivo demonstra que tal instituto é algo que veio para ficar.[11]

Mas, se você começar a namorar alguém e quiser fazer um contrato de namoro para proteger o *seu* patrimônio, não tem problema, não, amiga. Isso pode até ser recomendado se as duas pessoas forem mais velhas, tiverem uma vida financeira boa e filhos de relacionamentos anteriores. Só que você precisa observar alguns detalhes para garantir que o contrato será válido e não tem uma união estável por trás:

> ≫ Os dois precisam ser maiores de idade (mas isso, claro, eu nem preciso te falar, né?) e ter capacidade civil, ou seja, estar em condições, segundo o Código Civil, de adquirir e exercer direitos e deveres.

---

10. DA REDAÇÃO. Menos de 100 contratos de namoro são registrados por ano no Brasil. *Migalhas*, 12 jun. 2023. Disponível em: https://www. migalhas.com.br/quentes/387823/menos-de-100-contratos-de-na-moro-sao-registrados-por-ano-no-brasil. Acesso em: 10 jul. 2023.

11. "DIREITO dos namorados"? Brasil bate recorde em contratos de namoro. *Instituto Brasileiro de Direito de Família*. 13 jun. 2024. Disponível em: bit.ly/4fsumWQ. Acesso em: 19 jul. 2024.

⪢ O contrato deve explicitar qual é a relação do casal naquele momento: ou seja, dizer que não há vontade de constituir família nem de estabelecer união estável.

⪢ Deixar claro, também, que ambos renunciam, pela natureza do relacionamento, a qualquer partilha de bens e obrigações sucessórias ou patrimoniais.

⪢ E, por fim, se vocês quiserem, podem colocar uma cláusula definindo o regime de bens (vamos falar deles no próximo capítulo), para o caso de o relacionamento passar a ser automaticamente enquadrado como união estável, que, a meu ver, pode ser questionada.

União estável: quando assinar?

Eu sempre falo isso para todas as minhas clientes e seguidoras: a melhor forma de se proteger é, quando entrar em um relacionamento mais sério, já assinar uma união estável e escolher o regime de bens.

No Brasil, inclusive, o número de casamentos diminuiu 10% entre 2006 e 2019, mas, em contrapartida, o número de uniões estáveis cresceu 464% no mesmo período, pulando de pouco menos de 32 mil para mais de 146 mil.[12]

---

12. SECRETARIA Nacional da Família; MINISTÉRIO da Mulher, da Família e dos Direitos Humanos. Fatos e números: casamento e uniões estáveis no Brasil. *Observatório Nacional da Família*, [s.d.]. Disponível em: https://www.gov.br/mdh/pt-br/navegue-por-temas/observatorio-nacional-da-familia/fatos-e-numeros/FatoseNmerosCasamento.pdf. Acesso em: 20 jul. 2023.

| Q | Começando do começo: antes do casamento |

Com a pandemia, os dois tipos de união caíram e depois voltaram a crescer: em 2022, mais de 132 mil uniões estáveis foram reconhecidas pelos cartórios.[13]

Eu sei que é muito chato, às vezes, ainda no começo de um relacionamento, você chegar e propor uma união estável. Mas, na verdade, você está propondo isso para proteger o seu patrimônio ou os seus direitos. Afinal, embora dinheiro seja um tabu e ninguém queira tocar nesse tema, ele tem que ser abordado. Muitos relacionamentos terminam justamente por causa da parte financeira — em uma pesquisa nos Estados Unidos com casais divorciados, 37% relataram problemas financeiros como uma das causas da separação, sendo o quinto motivo mais mencionado.[14] No Brasil, por exemplo, uma pesquisa da Confederação Nacional de Dirigentes Lojistas (CNDL) e do Serviço de Proteção ao Crédito (SPC Brasil), em parceria com o Banco Central do Brasil (BCB), mostrou que 46% dos casais brigam por causa de dinheiro.[15]

---

13. CARTÓRIO em números mostra busca da população por uniões estáveis e casamentos. *Colégio Notarial do Brasil*, 13 jan. 2023. Disponível em: https://www.notariado.org.br/13-01-2023-cartorio-em-numeros-mostra-busca-da-populacao-por-unioes-estaveis-e-casamentos/. Acesso em: 20 jul. 2023.

14. BIEBER, Christy. Revealing Divorce Statistics In 2024. *Forbes*, 8 jan. 2024. Disponível em: https://www.forbes.com/advisor/legal/divorce/divorce-statistics/. Acesso em: 28 mar. 2024.

15. CRESCE o número de brasileiros que conversam sobre o orçamento familiar em casa, aponta pesquisa CNDL/SPC Brasil e Banco Central. *CNDL Brasil*, 2 abr. 2019. Disponível em: bit.ly/4dbhnre. Acesso em: 10 jul. 2023.

E aí, minha amiga, se isso não estiver definido e colocado no papel, o que sobra depois é briga! E eu tenho uma história de cliente que vai provar isso, quer ver?

⋯

Lavínia e Beto se conheceram ainda no terceiro ano da faculdade de engenharia civil, com 20 anos. Vindos de famílias de classe média em São Paulo — a dele, um pouquinho mais bem de vida do que a dela —, eles de cara se deram bem e começaram a namorar bem rápido, depois de um mês saindo. Afinal, Beto era muito bacana e a tratava superbem. O único problema dele era ser bem apegado à mãe, o que, às vezes, irritava Lavínia. Quando viajavam, ele conversava com a mãe três vezes por dia, e durante a semana nada de saírem juntos, porque ele precisava jantar em casa. Mas, fora isso, Beto usava o dinheiro que ainda ganhava de mesada e num estágio para ir com Lavínia a bares, cinemas, restaurantes. Eles sempre dividiam a conta, ou se revezavam para pagar: se ele pagava um, ela pagava o próximo. Ainda eram estudantes, e os dois queriam muito juntar dinheiro para a vida que sempre falavam em construir.

Assim ficaram por alguns anos, namorando e evoluindo aquele comecinho de carreira; ele, em uma startup de investimentos e ela, numa construtora.

Uns dois anos depois de formados, com 25, resolveram sair da casa dos pais e decidiram que queriam muito começar essa nova fase da vida juntos. Como nenhum dos dois tinha vontade de uma grande festa de casamento nem nada do tipo, Lavínia e Beto conversaram e alugaram um apartamento. Quem ficou chateada mesmo, porque queria dar um festão para o filhinho, foi a mãe de Beto — mas, com várias conversas e alguns mimos para ela, ele conseguiu contornar a situação. O contrato foi feito no nome dos dois, e cada um pagava metade do valor mensal, além de dividirem as contas.

Os anos seguintes foram bons para o casal: eles viajavam em feriados e férias (os amigos amavam as fotos do Instagram!), faziam academia juntos, saíam todo fim de semana e cada um se dedicava bastante à vida profissional. Em mais uma conversa, eles combinaram de ter filhos dali a mais ou menos uns sete anos, pois assim ambos já teriam uma boa carreira e estariam bem estabilizados, com mais de 30 anos. O único problema de convivência era que, por ter sido criado com a mãe fazendo tudo e tendo empregada doméstica, Beto não ajudava muito em casa. Mas, pondo as coisas na balança, Lavínia relevava isso — e a mãe dele acabava indo lá algumas vezes por semana para cozinhar para os dois e arrumar umas coisas (para ela, Lavínia não era boa dona de casa).

Apesar de manterem uma conta conjunta para dividirem todas as despesas da casa (tinham até uma planilha para calcular tudo certinho), Beto fazia questão de manter seus investimentos em uma conta separada, porque eles precisavam estar atrelados à startup em que ele trabalhava. Lá, por ter sido um dos primeiros funcionários contratados, ele tinha virado sócio e sido premiado com muitas ações quando a empresa começou a crescer.

E esse crescimento da empresa foi vertiginoso! O mercado de ações estava num momento ótimo, e o marketing da startup, voltado para investimentos feitos de forma digital e simplificada, funcionava muito bem. Além de ir conseguindo comprar cada vez mais ações (não apenas da empresa em que trabalhava, mas também de fundos de investimento), Beto passou a ser cada vez mais valorizado por lá. Cinco anos depois de ter ido morar com Lavínia, ele era um dos diretores mais importantes da startup e, além de ganhar muito bem, já tinha alguns milhões acumulados. (O apartamento em que moravam, porém, ainda era alugado e pago pelos dois — porque Beto é contra comprar imóvel, diz que, investido, o dinheiro rende muito mais.) A empresa abriu capital, e todos os sócios ganharam uma bolada! Lavínia ficou feliz pelo companheiro, e os dois fizeram uma viagem de luxo à Europa para comemorar.

Um fato que deixava Lavínia um pouco chateada era que, mesmo ele ganhando muito mais, eles continuavam dividindo as contas em igual proporção. No entanto, ela tinha um verdadeiro bloqueio em tocar nesse assunto.

Quando ambos estavam com 32 anos e chegou o momento de pensarem em tentar engravidar, Beto chamou Lavínia para conversar. Explicou que, como iam ter filhos, queria que finalmente formalizassem a situação do relacionamento. Ele pediu à Lavínia para assinarem uma união estável, mas, por causa de seus investimentos, queria que fosse com separação total de bens, ou seja, ela não teria direito a nada que era dele. Essa união estável, segundo ele, seria retroativa, valendo para todo o período desde que tinham ido morar juntos.

E foi nesse ponto que Lavínia, inconformada com a atitude de Beto, procurou uma advogada. Ele não queria apenas que ela assinasse um documento abdicando dos direitos sobre o que fosse adquirido a partir dali, mas também do que ela havia ajudado a construir ao longo dos anos. No início do relacionamento, ambos estavam em pé de igualdade, mas, agora que ele era multimilionário, queria apagar a participação de Lavínia em toda a trajetória deles. Será que isso estava certo?

Formalizar a união estável assim que você entrar nela, e escolher o regime que for mais justo para os dois, evita muito trabalho. Ajuda, ainda, a não deixar as mulheres vulneráveis, acreditando piamente nas ameaças do companheiro. O que já chegou de mulher para me consultar grávida ou com filho pequeno que tinha certeza de não ter direito a nada por não ter assinado a união! Elas vinham só falar da pensão, porque achavam que era o que lhes cabia. E, quando eu questionava se elas não tinham um relacionamento com o pai, se não haveria partilha de bens na separação, elas respondiam: "Ah, mas não era no papel, então, ele disse que não tenho direito a nada!".

Você precisa saber: a partir do momento em que há uma união estável, mesmo não assinada, o regime é de comunhão parcial. Você tem direito ao que foi adquirido durante essa união, não importa com o dinheiro de quem. E é por isso, inclusive, que você não deve se unir a um homem encostado, acomodado — ele também vai ter direito ao que é seu.

Se, por acaso, você já está junto com alguém e não formalizou (está no que eu chamo de "informalidade conjugal"), é possível, sim, fazer o que Beto, companheiro da Lavínia, propôs e assinar em cartório a união de modo retroativo. Você pode colocar, no documento da união estável, desde quando o casal estava no relacionamento. Isso quer dizer, no caso deles, que ficaria reconhecido no papel que a união existia desde sete anos antes, quando decidiram ir morar juntos, com planos concretos e atendendo a todos os requisitos de uma união estável.

Só que, se Beto estava certo sobre a união retroativa, ele estava completamente errado a respeito do regime de bens. Vocês podem até escolher um novo regime de bens

Q | Começando do começo: antes do casamento

a partir da data do registro, mas o que existia antes não muda — exatamente para evitar um golpe como o dele. Ainda bem que Lavínia procurou uma advogada antes de abrir mão de qualquer coisa, né? Ela teve de entrar com ação de reconhecimento da união estável, juntando diversas provas. (E contou com a sorte de que Beto nem sabia que o que ele ia propor não era possível e não tentou começar a fraude clássica de colocar bens em nome de outras pessoas, sobre a qual vou falar mais à frente!)

Comprovar a união também pode ser muito importante num momento de separação. E, embora, como falei, os critérios sejam todos muito subjetivos, algumas coisas podem ajudar bastante, de acordo com minha experiência. Tente reunir as seguintes provas:

≫ **De residência conjunta (embora a coabitação não seja obrigatória, se existir, facilitará muito):**
- Contratos de locação em nome de ambos.
- Contas de água, luz, telefone ou internet no endereço de ambos.
- Correspondências recebidas no mesmo endereço.
- Comprovante de domicílio de ambos no mesmo endereço (declaração do síndico, vizinho ou administrador do condomínio).

≫ **De convivência:**
- Fotos e vídeos que comprovem o relacionamento ao longo do tempo.

- Postagens em redes sociais que indiquem a convivência e o relacionamento.
- Mensagens de texto, e-mails trocados entre o casal.
- Declarações de testemunhas (amigos, familiares, vizinhos) que confirmem a convivência do casal.

≫ **De participação em eventos familiares:**
- Convites de casamento, aniversários, batizados e outros eventos em nome de ambos.
- Fotos e vídeos em eventos familiares de ambos.

≫ **De planos futuros juntos:**
- Planos de viagem ou férias juntos (reservas de hotel, passagens aéreas etc.).
- Correspondências e comunicações que demonstrem planos de vida futura juntos (compras de imóveis, planejamento de filhos).

≫ **De apoio mútuo:**
- Registros de visitas hospitalares ou médicos em que um parceiro conste como responsável ou acompanhante do outro.
- Comprovantes de despesas médicas ou tratamentos pagos por um parceiro para o outro.

≫ **De dependência econômica:**
- Comprovantes de transferência de dinheiro ou pagamentos realizados de um parceiro para o outro.
- Comprovantes de despesas compartilhadas (supermercado, aluguel, contas diversas).

≫ **De patrimônio conjunto:**

> Q | Começando do começo: antes do casamento

- Documentos de aquisição de bens em nome de ambos (imóveis, veículos etc.).
- Contratos de financiamento em nome de ambos.
- Conta bancária conjunta ou investimentos em nome de ambos.

O caso de Lavínia teve final feliz: como ela tinha muitas provas, a união estável foi reconhecida desde o comecinho. Agora, ela está em um casamento supercorreto, grávida do primeiro filho.

União estável ou casamento?

Muita gente que mora junto, ou já tem união estável assinada, em algum momento decide se casar oficialmente — com ou sem festa. Mas qual será a melhor hora para isso? E, afinal, se a união estável já garante os direitos de ambas as partes, qual é a vantagem de casar? Vamos entender, juntas, com mais uma história!

▪▪▪

Zenaide era manicure e levava uma vida tranquila em uma cidade litorânea com cerca de 400 mil habitantes. Aos 39 anos, nunca tinha se casado e nem pensava muito nisso: tinha suas clientes, amigas e dias bem cheios. Tudo mudou quando, em uma festa junina da cidade, conheceu Francisco, de 43 anos.

Eles começaram a conversar, marcaram um encontro e, alguns meses depois, estavam namorando. Francisco também morava na mesma cidade, mas trabalhava como representante comercial, o que o mantinha na estrada durante a semana. Para Zenaide, isso não era problema — ela até gostava de ter um tempo só para si.

Depois de mais ou menos seis meses de namoro, Francisco propôs a Zenaide que assinassem uma escritura pública de união estável e fossem morar juntos no apartamento dela, que era alugado. Ele planejava vender uma moto que já possuía para comprar um terreno e começar a construir uma casa para os dois. Ela adorou a ideia e decidiu utilizar as economias que tinha guardadas no banco, que davam quase o mesmo valor da moto de Francisco, para inteirar na compra do terreno. Depois, eles se organizaram da seguinte forma — Zenaide ficaria responsável financeiramente pelas contas da casa, e Francisco investiria na construção.

A união foi oficializada, pela comunhão parcial de bens, o terreno comprado e, aos poucos, a casa foi sendo construída. Francisco viajava durante a semana e voltava na sexta-feira à noite. Zenaide não se preocupava muito em evitar uma gestação, afinal, já tinha quase 40 anos. Por isso, foi uma surpresa maravilhosa para ambos quando ela descobriu que estava grávida! Agora, a vida familiar estava completa, especialmente porque faltava pouco para a casa deles ficar pronta. Ainda deu tempo de fazer o quartinho dos sonhos para a chegada do primogênito.

Depois que o bebê nasceu, a rotina mudou bastante. Zenaide ficou ainda mais ocupada, pois precisava cuidar dele sozinha durante a semana. Felizmente, ela contava com a ajuda da mãe e da irmã para conseguir trabalhar. E, sim, ela precisava trabalhar, não só porque gostava de ter sua independência financeira, mas também porque o trabalho de Francisco, que dependia das vendas que ele fazia, não estava indo muito bem. Ele explicou para Zenaide que, para conseguir uma renda extra, seria necessário trabalhar em alguns fins de semana. Resignada, ela entendeu e se conformou em ver ainda menos o companheiro.

Em um domingo, na hora em que Francisco costumava chegar em casa, Zenaide recebeu uma ligação. Era Vanessa, uma antiga cliente, que havia se mudado da cidade para trabalhar em um hospital no interior. Ela queria saber como Zenaide estava, já que tinha visto Francisco internado lá em razão de um infarto. Todo o trabalho, além do hábito de fumar e beber, finalmente cobrara seu preço! Desesperada e sem conseguir falar com ele, Zenaide pegou um ônibus e correu para o hospital, mas sabia que não poderia ficar muito tempo por causa do bebê.

Chegando lá, ao se identificar como esposa de Francisco, Zenaide foi informada do número do quarto em que ele estava. No entanto, ao se aproximar da porta, viu Francisco, ainda sedado do cateterismo, ao lado de uma mulher desconhecida. Ao perguntar quem ela era, veio a surpresa: Joana afirmou ser esposa de Francisco! Zenaide ficou atônita e quase desmaiou. Desesperada, ela chorava, dizendo que tinha uma união estável registrada no papel e não conseguia entender como isso era possível.

Joana, igualmente chocada, percebeu que Zenaide estava falando a verdade. Então, contrariando todas as expectativas de uma cena como essa (em que o mais comum seria elas brigarem por causa do "princeso"), as duas saíram para conversar. Joana contou que ela e Francisco estavam juntos há muitos anos e tinham dois filhos. Moravam naquela cidade e ele trabalhava em uma loja no centro. E o pior: eles também tinham um contrato de união estável registrado em cartório, com data anterior ao de Zenaide.

Para justificar sua ausência nos fins de semana, Francisco dizia que trabalhava em um restaurante na capital. Dessa forma, ele passava a semana com a família de Joana e o fim de semana com a família de Zenaide. Joana revelou ainda que, nos últimos meses, ele não estava ajudando em casa, alegando que seu salário na loja havia sido cortado e que agora dependia apenas de comissões, mas as vendas estavam muito fracas.

Francisco permaneceu internado ao longo das semanas e, por medo de agravar seu estado de saúde, elas decidiram que só esclareceriam toda essa história após ele receber alta. O bom é que tiveram tempo para investigar o celular dele, as contas bancárias, as redes sociais. Logo descobriram que o problema financeiro dos últimos meses tinha nome e sobrenome: uma namorada mais jovem que ele estava tentando impressionar com presentes caros.

Agora, Zenaide quer se separar, mas está em uma situação bem difícil: como Francisco já tinha uma união estável anterior à dela, ela teme que aquele papel não tenha nenhuma validade e que ela fique sem nada. Especialmente porque, quando eles compraram o terreno, Zenaide não se preocupou com o fato de ele ter sido registrado apenas no nome de Francisco, afinal, eles tinham uma união estável documentada. Embora tenha contribuído com suas economias para a compra do terreno, ela entregou o dinheiro diretamente a ele. Além disso, como era ele o responsável pelos pagamentos da obra enquanto ela arcava com as despesas da casa, Zenaide não tem meios de comprovar sua participação financeira na construção, caso a união estável seja anulada.

A história de Zenaide é um ótimo exemplo de por que considero o casamento mais seguro do que a união estável. Antes de mais nada, se você mora junto e decide se casar, vale a pena primeiro fazer uma união estável com data retroativa e, então, convertê-la em casamento. Dessa forma, você consegue determinar desde quando o relacionamento existe, garantindo seu direito ao patrimônio sem ter que provar judicialmente depois. Converter a união estável em casamento é bem simples e pode ser feito diretamente no cartório.

Apesar dos direitos na união estável serem equiparados aos do casamento, existem, sim, algumas poucas diferenças que podem ser relevantes. Para mim, um dos grandes problemas é que, na união estável, seu estado civil não muda: você continua sendo solteira e seu companheiro também. Isso quer dizer que, como solteiro, ele consegue sair por aí fazendo várias uniões estáveis ao mesmo tempo — exatamente como Francisco fez.

Outro ponto importantíssimo: durante a união estável (pela comunhão parcial), se vocês adquirirem bens que ficarem apenas no nome do seu companheiro, ele consegue vendê-los sem a sua assinatura. Já no casamento, a menos que o regime escolhido seja o da separação total, é obrigatória a assinatura do cônjuge para a alienação de bens imóveis. E, como sabemos, é bastante comum o homem simular a venda dos bens para terceiros antes de uma separação, para não dividir com a companheira.

Se você está em uma união estável e se enquadra no caso acima, não precisa ficar desesperada. Existe uma forma de se resguardar. Anote aí: com a sua escritura pública de união estável, você pode ir até o registro de imóveis onde o bem está registrado e pedir para que sua união estável seja averbada na matrícula dele. Caso você não tenha acesso à escritura do imóvel e seu companheiro diga que "não sabe" onde ele foi registrado, é possível realizar uma busca nos cartórios da sua cidade por matrículas de imóveis registradas no CPF dele. Essa busca também pode ser feita on-line, no site www.registradores.onr.org.br.

Dessa forma, ficará expresso no documento que vocês estão em uma união estável pela comunhão parcial de bens, e não será possível vendê-lo sem a sua assinatura. E fique tranquila: ele só vai descobrir na hora que tentar dar o golpe, pois o cartório não avisa nada!

Situações como a de Zenaide são um verdadeiro dilema. Isso porque a nossa lei não reconhece a existência de duas famílias simultâneas, o que, em geral, eu até concordo. No entanto, não acho justo que uma mulher que agiu de boa-fé seja desamparada pela Justiça. Embora as leis evoluam, é sempre de forma mais lenta do que a evolução da sociedade. O advogado Rodrigo da Cunha Pereira, por exemplo, explica que a monogamia é um princípio orientador do direito de família, mas que, muitas vezes, "aquela outra família, paralela [...] à união estável, foi constituída de fato. [...] Como é possível conciliar o justo e o legal, ou seja, como compatibilizar o princípio da monogamia com essas situações?".[16] Eu, pessoalmente, defendo a monogamia. No entanto, sem dúvida, a análise deve sempre considerar as circunstâncias individuais de cada caso.

---

16. PEREIRA, Rodrigo da Cunha. *Princípios fundamentais norteadores do direito de família*. São Paulo: Ed. Saraiva, 2012. p. 127.

O Supremo Tribunal Federal, em dezembro de 2020, julgou um recurso negando esse tipo de partilha para dois núcleos familiares diferentes, dizendo que é "vedado o reconhecimento de uma segunda união estável, independentemente de ser hétero ou homoafetiva, quando demonstrada a existência de uma primeira união estável, juridicamente reconhecida".[17] E isso apesar de, em 2018, um juiz da cidade de Núcleo Bandeirante, no Distrito Federal, ter reconhecido duas uniões paralelas em um caso bem parecido e mandado dividir a pensão de um falecido entre as duas companheiras.[18]

Em relação a Zenaide, mesmo que ela consiga provar que não tinha conhecimento da outra união, será bastante difícil para ela obter metade do valor pago pela casa. Além do que, o dinheiro investido por Francisco também pertence a Joana.

Esse é um típico caso no qual qualquer solução jurídica adotada resultará em prejuízo para uma das duas partes. O mais justo seria a divisão dos bens entre elas, deixando-o

---

17. BRASIL. Supremo Tribunal Federal. Recurso extraordinário 1.045.273 Sergipe. Relator: Min. Alexandre de Moraes. *Portal STF*, 21 dez. 2020. Disponível em: https://redir.stf.jus.br/paginadorpub/paginador.jsp?docTP=TP&docID=755543251. Acesso em: 20 jul. 2024.

18. DA Redação. Juiz reconhece existência de uniões estáveis simultâneas. *Migalhas*, 16 jul. 2018. Disponível em: https://www.migalhas.com.br/quentes/283759/juiz-reconhece-existencia-de-unioes-estaveis-simultaneas. Acesso em: 20 jul. 2024.

Começando do começo: antes do casamento

sem nada. Concorda? No entanto, infelizmente, até hoje, eu nunca vi uma decisão judicial nesse sentido.

Então, minha amiga, apesar de estar casada no papel não garantir que seu marido nunca terá outra família, ao menos seus direitos estarão mais resguardados, né?

CAPÍTULO 2

O casamento e os regimes de bens possíveis

O que a gente chama, no mundo jurídico, de regime de bens nada mais é do que a norma que vai determinar como todos os ativos (tudo o que vale algum dinheiro) de cada parte do casal vão ficar ao longo do relacionamento e depois do fim dele, se acontecer um divórcio. Se, em vez de divórcio, o casamento acabar com o falecimento de alguma das partes, alguns detalhes mudam, e vou explicar tudo direitinho no Capítulo 5, "Questões de herança", tudo bem?

E a gente sabe que precisa pensar nisso justamente para se proteger. Inclusive, a existência dos chamados regimes de bens, e principalmente a aplicação prática deles, ao longo da nossa história, foi sempre muito ligada a como a mulher era vista na sociedade: se de forma totalmente dependente do marido ou se mais independente. Quer ver?

Durante muito tempo, no Brasil, o regime que mais se usava era a comunhão universal de bens. Junto com a criação do casamento civil, lá em 1890, e, no Código Civil de 1916, foi adotado como o chamado regime legal, que é o regime, digamos, automático. Hoje, desde 1977, com a Lei do Divórcio, o regime legal é a comunhão parcial de bens — se vocês não declararem algo diferente, é ele que vai valer, como vimos lá na seção sobre união estável.

Esse mesmo código também permitia separação total e comunhão parcial, como a gente conhece hoje. Mas tinha nele ainda um regime absurdo, que foi extinto só em 2022: o regime dotal. A mulher podia ter bens, mas, no casamento, todos eles eram passados para a administração do marido (ele tinha que devolver se houvesse separação de corpos, mas isso era uma possibilidade tão remota, que a mulher estava totalmente desprotegida).[19]

Ainda bem que isso mudou, não é, meninas?

Bom, mas vamos então falar de como funciona hoje: você vai ao cartório dar entrada nos papéis do seu casamento civil e, nesse momento, já vai escolher o seu regime de bens. Existem cinco no total, sendo um deles imposto por lei, mas aqui eu vou falar dos quatro mais importantes, já que o quinto, a participação final nos aquestos, é raramente

---

19. CHAVES, Yara Diwonko Brasil. Estudo sobre o regime legal de bens brasileiro. *Revista da Faculdade de Direito São Bernardo do Campo*, v. 23, n. 2, 2017. Disponível em: http://www.mpsp.mp.br/portal/page/portal/documentacao_e_divulgacao/doc_biblioteca/bibli_servicos_produtos/bibli_informativo/bibli_inf_2006/Rev-Fac-Dir-S.Bernardo_23_n.2.03.pdf. Acesso em: 25 jul. 2023.

O casamento e os regimes de bens possíveis

utilizado e, de acordo com o anteprojeto da reforma do Código Civil, deixará de existir. Ele é muito parecido com o da comunhão, porque, quando o casamento acaba, os bens adquiridos durante a união são divididos. A diferença básica é que isso acontece só *na hora* da separação; antes disso, durante o casamento, cada um pode fazer o que quiser com seus bens — por exemplo, vender um apartamento que está no seu nome. Além disso, as dívidas também não se comunicam: se o marido contrair um empréstimo, só ele será responsável por pagá-lo, tanto durante o casamento quanto em caso de divórcio. Normalmente, eu recomendo a participação nos aquestos para aquele casal que me procura com o argumento de que o princeso não quer depender da assinatura da mulher para tudo. Aí, em vez de ela entrar na cilada da separação de bens, eu dou a eles esta opção.

Agora, vamos entender sobre os outros regimes, que são: comunhão parcial de bens, comunhão universal, separação total ou convencional de bens e separação obrigatória. Hoje, no Brasil, a maioria das pessoas se casam com comunhão parcial, representando 90,2% dos casamentos.

Comunhão parcial

Além de ser o mais comum, este regime é automaticamente adotado se os noivos não fizerem uma escolha diferente antes do casamento ou da união estável. Aqui, todos os bens adquiridos pelo casal durante o relacionamento são considerados comuns e serão partilhados igualmente em caso de separação ou divórcio.

Já os bens particulares de cada um, que incluem aqueles adquiridos antes da união, bem como os recebidos por doação, herança, e os bens sub-rogados não integram a partilha.

Os bens sub-rogados são aqueles adquiridos com recursos provenientes de um bem particular. Por exemplo, se um cônjuge vende um imóvel que possuía antes do casamento e usa o dinheiro para comprar outro imóvel durante a união, o novo imóvel adquirido é considerado bem sub-rogado. Ele substitui o bem original e mantém a mesma natureza de propriedade exclusiva do cônjuge que possuía o bem vendido.

Para que um bem seja considerado sub-rogado, é necessário provar a origem daquele recurso, não basta apenas alegar. Em relação aos bens imóveis, o correto é que conste na escritura uma cláusula da sub-rogação. Uma dica importante: sempre recomendo que os recursos provenientes de um bem particular sejam mantidos em uma conta separada. Isso facilitará essa comprovação.

Na minha opinião, esse é o regime de bens mais justo para as mulheres pois ele ameniza o desequilíbrio causado pelo trabalho invisível desempenhado por elas. Além disso, incentiva a colaboração e o apoio mútuo entre o casal, sabendo que qualquer aquisição beneficiará ambos.

No entanto, apesar de esse ser o regime mais justo, é claro que ainda há coisas que você deve fazer para se proteger durante o casamento! Cada tópico neste livro vem sendo ilustrado com uma história; então, vamos ver mais uma?

∎∎∎

Sônia é uma mulher, hoje com 55 anos, que morou a vida inteira, desde que nasceu, em uma cidade não muito grande no Centro-Oeste do Brasil. Embora a família dela não fosse rica, seus pais tinham uma ótima cabeça, e, aos 20 anos, ela trabalhava em uma cidade próxima, um pouco maior, e estava pensando em fazer faculdade na capital. Foi aí que conheceu Antônio, que hoje tem 68 anos e, na época, estava com 33.

Antônio tinha vindo de uma família muito pobre que vivia em uma área bem rural e tinha começado a vida ali, ainda adolescente, como trabalhador do campo. Mas, em meio a uma vida de dificuldades, ele acabou tendo muita sorte: foi trabalhar na fazenda de um homem já mais velho e sem filhos que, como Antônio era seu melhor funcionário, depois de alguns anos, decidiu dar a ele um pedaço de terra e alguns equipamentos para começar uma plantação. E foi isso que ele fez: passou a plantar soja, cultivo que tinha aprendido ali e que era muito lucrativo. Assim, Antônio subiu na vida e, quando conheceu Sônia, estava muito bem.

Na época, ele já havia comprado diversas outras fazendas, que arrendava para outros produtores daquela região. Eram rendimentos muito bons e confiáveis, que ele ia acumulando ou para investir em sua fazenda, ou em forma de aplicações financeiras. Numa das idas à cidade em que Sônia trabalhava, ele a conheceu na loja e logo se apaixonou.

Apesar de ter enriquecido, Antônio ainda era, no fundo, um homem bastante simples que, tendo passado a vida inteira naquele lugar, tinha uma mentalidade muito conservadora. Prometeu a Sônia que ela teria uma vida confortável, mas que, em troca disso, ela devia fazer o que ele acreditava ser o "papel da mulher": cuidar dele e da casa. Apesar de ter dinheiro para isso, ele não queria que tivessem funcionários domésticos, porque, afinal, era esse o lugar que ela deveria ocupar na vida dos dois.

Sônia aceitou e, de início, foi feliz cuidando dos dois e da casa, que ficava na fazenda. Ele saía bem cedo e muitas vezes voltava tarde, mas a tratava bem e se mostrava apaixonado. Não levou muito tempo, porém, para Antonio mudar: ele começou a fazer exigências surreais em relação à casa e às refeições. Havia ali a nítida intenção de humilhar e subjugar Sônia. Quando ela não conseguia cumprir essas expectativas, ele a agredia verbalmente. Ela nunca considerou esses episódios como violência, porque Antônio nunca a havia agredido fisicamente.

A situação foi piorando conforme os anos passaram sem que ela conseguisse engravidar — o que, para Antônio, era essencial. Chateada, ela foi se isolando cada vez mais da própria família e, ao mesmo tempo, seguia tentando salvar o casamento. Ela sabia que ele, virava e mexia, tinha algumas amantes, mas acabava relevando por medo dele e também de ficar desamparada, já que não trabalhava.

Sem ver muita saída, Sônia acabou ficando naquele relacionamento por mais de três décadas. Nos últimos anos, Antônio tinha, inclusive, vendido a produção de soja e parado de trabalhar, contando apenas com o dinheiro que ganhava dos arrendamentos. Até que, no ano passado, Antônio, já com 68 anos, disse a ela que queria o divórcio, porque tinha encontrado outra mulher e ela estava grávida. Falou que ele ia, finalmente, ter o filho que desejara a vida toda.

Os dois eram casados em comunhão parcial de bens, mas ele disse a Sônia que ela não teria direito a nada. Afinal, ele já não era empresário e todos os investimentos e rendimentos que tinha vinham das fazendas que ele possuía antes do casamento — ou seja, eram apenas dele. Ela ficou desesperada: como ia viver? Seus pais já haviam morrido, ela não tinha renda, e Antônio disse que ia vender a casa e que, como já era dele antes, Sônia ficaria mesmo na rua da amargura. Ela chegou a ficar deprimida, porque, no fundo, achava até que não merecia mesmo nada, já que não tinha contribuído para a renda da casa. Então, na hora de se separar, ela acabou assinando os papéis que ele deu sem nem procurar assistência jurídica. Agora, sem ter nada, Sônia mora de favor na casa de uma amiga e trabalha como empregada doméstica para conseguir sobreviver.

A maioria das pessoas entende a comunhão parcial de bens deste jeito mais simples: se eu já possuía algo antes de me casar, esse bem e tudo o que vier dele vai continuar sendo só meu, caso eu me separe. Só que não é bem assim, não! Antes de mais nada, é preciso definirmos algo essencial: na história de Sônia, ela não só tem direitos que não conhece como precisa reconhecer que ela foi essencial para Antônio conseguir ter uma boa vida financeira! Afinal, vamos lá, repita comigo: trabalho doméstico também é trabalho! Apesar de eu recomendar que todas as mulheres tenham uma vida independente para garantir a liberdade até durante o casamento, isso não invalida a experiência daquelas que são donas de casa.

Então, minha amiga, já fique sabendo: na comunhão parcial, apesar de os bens anteriores de cada parte do casal não se comunicarem (ou seja, serem só do dono original), o que a gente chama de frutos se comunicam, sim. Se o marido tem fazendas que arrenda, todo o dinheiro proveniente disso deve ser dividido com a esposa. Vale a mesma regra para quem tem renda de aluguel urbano, por exemplo, e até para a valorização de investimentos.

Como tantas mulheres, Sônia estava vivendo um relacionamento abusivo, mesmo que não conseguisse reconhecer. Isso influenciou ainda mais para que ela assinasse aqueles documentos que tiravam os direitos dela. Dependendo do que foi acordado na partilha, como, por exemplo, se ela tiver aberto mão dos bens, será muito difícil reverter (mas não impossível, mais adiante, quando falarmos sobre partilha de

O casamento e os regimes de bens possíveis

bens, você saberá o que pode ser feito em casos como esse). Agora você está vendo por que é tão importante já entrar em qualquer relacionamento sendo legalmente informada?

Bem financiado: fica como?

Nilza passou em um concurso público bem novinha, quando ainda morava com os pais na periferia de uma grande cidade. Assim que saiu do ensino médio, prestou concurso para bancária e passou de primeira. Depois de começar a trabalhar, foi guardando todo mês um dinheirinho e, aos 25 anos, depois de uma promoção e de se formar na faculdade, tinha o suficiente para dar entrada em um apartamento próprio, aproveitando os benefícios de financiamento do banco para seus funcionários.

Nilza comprou, então, um apartamento lindinho, recém-construído, próximo ao metrô, o que facilitaria muito a vida dela. Feliz, foi morar sozinha, mobiliou o apartamento todo e fez até um chá de casa nova com as amigas. Um ano depois de se mudar para o novo apartamento, conheceu Mário no aniversário de uma prima. Ela estava com 26 anos; ele tinha 30.

Mário era divertido, charmoso, brincalhão. Trabalhava no comércio da família, vivia na casa dos pais na região metropolitana e não havia terminado os estudos — dizia que isso era uma perda de tempo, que ninguém precisa estudar para ganhar dinheiro. Nilza, que tinha sido estimulada a estudar muito desde cedo, não concordava, mas também não comprava briga, porque, afinal, esta parecia ser uma discordância pequena.

Eles começaram a sair e, depois de um cinema, um barzinho, já no primeiro mês ele pediu Nilza em namoro. Ela aceitou e sentiu que, finalmente, depois de trabalhar muito para conquistar um bom emprego e uma boa casa, era hora de ser feliz no amor.

Com um ano de namoro, eles se casaram. O sonho de Nilza era uma festa de casamento, com a família toda e muitos amigos. Os pais dela, que tinham um dinheirinho guardado, ajudaram um pouco, ela fez um monte de coisa por conta própria e conseguiu ter seu grande dia. Sem nem pensar muito, os dois escolheram o regime de bens mais comum, o da comunhão parcial, e Mário mudou para a casa da Nilza, levando só as roupas e o videogame.

Só que o emprego na loja da família parecia não estar indo muito bem para Mário. Ele podia usar o carro da loja (que Nilza acabava abastecendo, porque Mário vivia contando sobre como o pai atrasava o salário dele, às vezes nem pagava, e pedindo para ela cobrir essas despesas), mas não parava de reclamar de como estava muito cansativo ir e voltar todos os dias. Dizia que ninguém o valorizava lá, que ele já devia ser gerente havia muito tempo. Então, um ano depois do casamento, ele saiu do emprego na loja e anunciou que, agora, ia empreender.

Com isso, Nilza assumiu sozinha todas as despesas da casa — que tinham crescido muito desde a chegada de Mário. Antes, alegando os problemas no salário, ele não contribuía muito, mas de vez em quando fazia umas comprinhas de mercado. E ficar sem emprego não fez com que economizasse, não: ele gostava de fazer compras fartas e de escolher suas marcas favoritas. Nilza acabou ficando mais apertada e, para dar conta, dispensou a diarista. Pensou que, dividindo as tarefas com Mário, que agora passava os dias em casa, daria conta de tudo. Mas ele não gostava de tarefas domésticas, dizia que era muito homem para lavar louça. Então, quando chegava do banco, Nilza corria para dar um jeito na casa, fazer o jantar e deixar o almoço pronto para ele no dia seguinte. Aos fins de semana, Nilza fazia uma boa faxina para tudo ficar limpinho — afinal, ela amava aquele apartamento, que era sua grande conquista.

Nessa época, Mário explicou que ia abrir uma loja virtual para compra e venda de artigos para videogames, mas que, até o negócio engrenar, ele não poderia contribuir com as contas da casa. Só que os anos passaram e a loja não engrenou. Pelo contrário. Mário pedia a Nilza mais dinheiro para investir na compra de equipamentos para o estoque. Porém, ao adquirir esses novos itens para venda — *joysticks*, consoles, volantes e pedais —, ele várias vezes se encantava e ficava com a mercadoria para si, jogando videogame dia e noite. Toda hora, Nilza via um equipamento novo e caro ali!

Nilza vivia cada vez mais apertada com as despesas da casa e, com sacrifício, mantinha as parcelas do financiamento do apartamento em dia. Ela desistiu dos planos de fazer pós-graduação — sabia que isso ia diminuir suas chances de uma nova promoção, mas não tinha como pagar.

No quinto ano de casamento, já infeliz, Nilza ficou sabendo, pela cunhada, que o pai nunca tinha atrasado o salário do Mário quando eles trabalhavam juntos. Era a história que Mário contava para sobrar mais dinheiro para seus equipamentos eletrônicos. Foi a gota d'água para acabar com aquele casamento sem futuro. Nilza pediu o divórcio no mesmo dia.

Mário voltou para a casa dos pais, e Nilza achou que estava livre e pronta para recomeçar — retomar os estudos, viver menos apertada, investir na carreira, viajar. Porém, agora, Mário entrou na Justiça, pleiteando metade de todas as parcelas do apartamento pagas durante a união dos dois. Ela está revoltada porque não acha isso certo, mas não sabe o que fazer.

A dúvida de Nilza é uma das maiores de quem se casa em comunhão parcial de bens: se eu comprei um bem antes do

O casamento e os regimes de bens possíveis

casamento mas não o quitei e, em vez disso, segui pagando parcelas enquanto estava com meu parceiro, ele tem direito a alguma coisa? Para o azar da nossa amiga, o ex-marido dela pode ter direito a uma parte do imóvel — mas não é a metade, não!

Isso porque o que foi pago antes, ou seja, a entrada, e o que ainda falta pagar pertencem apenas à pessoa em cujo nome está o financiamento. Mas lembra que desde o começo eu falei que a comunhão parcial é o regime de quem está construindo uma vida junto? É porque, nele, não importa se foi apenas uma das partes que ganhou o dinheiro ou que pagou pelo bem — no divórcio, tudo será dividido. Por essa razão, no caso da Nilza, mesmo que o "princesão" só tenha dado prejuízo, ele terá direito ao valor equivalente à metade das parcelas pagas durante o casamento.

Mas, apesar de esse ser o entendimento consolidado no judiciário, no fim de 2021, surgiu uma decisão do Superior Tribunal de Justiça (STJ) afirmando que, para aquele caso específico, a partilha não precisava ser feita. Foi entendido, mediante provas, que o cônjuge titular do financiamento havia sido realmente o único responsável pelos pagamentos.[20] Isso quer dizer que, apesar de essa decisão ter sido um caso isolado, ainda resta alguma esperança para nossa amiga Nilza. Pois,como já falei aqui, na Justiça, cada caso é um caso.

20. HAFEMANN, Samantha. Artigo: como dividir um imóvel financiado em caso de divórcio? *Colégio Notarial do Brasil*, Seção São Paulo, 2 mar. 2023. Disponível em: https://cnbsp.org.br/2022/03/02/artigo-como--dividir-um-imovel-financiado-em-caso-de-divorcio-%C2%96-por-samantha-hafemann/. Acesso em: 10 ago. 2023.

Miriane Ferreira

Comunhão universal

Cristiane tem 55 anos e é dona de uma pequena loja há bastante tempo, desde antes dos 30. Sempre foi uma mulher independente, criada por pais que a estimularam a ter seu próprio negócio e uma boa vida. Formada em administração e apaixonada por moda, ela abriu uma loja multimarcas para revender roupas e sempre viveu disso. Aos 35 anos conheceu Joaquim, dez anos mais velho. Ele já era empresário do ramo de publicidade e ganhava muito bem.

Cristiane e Joaquim combinavam em tudo: amavam viajar, sair para restaurantes, cinema e teatro. Nenhum dos dois queria ter filhos e, como já tinham a vida bem estruturada, não sentiram necessidade de casar no papel. Foram morar juntos e consideravam que tinham uma união estável. E foi uma união dessas bem felizes, em que ambos querem a mesma coisa, trabalham e cuidam um do outro. Aos 58 anos, Joaquim vendeu a empresa e virou consultor — já pensava em se aposentar e, agora com um belo patrimônio vindo dessa venda, podia viver despreocupado.

Só que dois anos depois, de um jeito repentino, ele morreu, vítima de uma bactéria rara no pulmão. Depois de passado o choque inicial, Cristiane foi aconselhada a ir atrás de um advogado para reconhecer a união e ter direito à sua parte, já que, por não terem assinado nada, o regime de direito era a comunhão parcial de bens.

Na internet, ela encontrou um advogado, Ricardo, que parecia bastante renomado (pelo menos, segundo o site do escritório dele). Ele sugeriu, já de início, que se encontrassem para um café e explicou a ela que o processo era bem simples — afinal, não havia outros herdeiros. Ao longo de dois meses, viam-se pessoalmente uma vez por semana e se falavam também por WhatsApp; nessas ocasiões, Ricardo dava atualizações do processo e sempre se mostrava superatencioso, perguntando também como Cristiane estava emocionalmente. Ainda um pouco abalada pela morte recente do marido, ela ficava feliz com aquela atenção e até pensava em como era raro encontrar um profissional tão sensível nos dias de hoje.

Tudo correu como Ricardo disse que correria: o processo foi finalizado e Cristiane ficou com os bens e o dinheiro em seu nome. Foi aí que recebeu, inesperadamente, uma mensagem de Ricardo, dizendo que, agora que o processo tinha acabado, sentia que podia ser honesto: contou que, durante aquele breve tempo, havia se apaixonado por ela e a convidou para sair.

Pela primeira vez desde a morte de Joaquim, Cristiane sentiu que poderia ser feliz de novo. Por que não? Topou sair com Ricardo. Ele a levou a um restaurante muito bom, pediu champanhe e até lhe deu um buquê de flores. Mostrou-se um cavalheiro perfeito, do jeito que ela acreditava que tinha que ser. Começaram a namorar menos de um mês depois. Cristiane estava encantada; mal acreditava que, depois de ter tido um amor tão bom como Joaquim, estava tendo a sorte de viver aquilo de novo.

Com 44 anos, Ricardo era mais novo que Cristiane, e as amigas mais próximas a alertaram para tomar cuidado. Ela sabia que havia, na fala delas, muito preconceito, mas acreditava que merecia, sim, um homem como Ricardo. Por isso, quando ele a pediu em casamento, ela aceitou na hora. Casaram-se logo, com uma cerimônia simples na casa dela, para onde ele logo se mudou. Como Ricardo era advogado, ele mesmo cuidou de todos os papéis, que levou para ela assinar.

Cristiane percebeu que a relação esfriou imediatamente após o casamento. Ricardo não era mais o mesmo, não a tratava com aquele romantismo de antes. Quando ela tentava conversar, ele não queria falar do assunto. Apenas um ano e meio depois, Ricardo a surpreendeu pedindo o divórcio e dizendo que ia abrir uma ação de partilha de bens, solicitando metade de tudo o que ela tinha.

Cristiane ficou confusa: afinal, seus bens eram todos advindos da relação anterior, antes de conhecê-lo. Foi aí que veio o baque: Ricardo fizera o casamento com comunhão universal de bens — e ela, apaixonada e confiando cegamente nele, nem havia prestado atenção a isso. Desesperada, ela tentou anular aquilo e brigar na Justiça, alegando que tinham ficado pouco tempo casados, mas não teve jeito: precisou mesmo dividir tudo o que possuía.

Muita gente diz que a comunhão universal, sistema no qual, como eu contei, quase todo mundo se casava antigamente, é o regime do amor verdadeiro. Afinal, quem topa partilhar tudo o que já construiu supostamente não deseja se separar — e lá atrás, vamos lembrar, nem existia essa possibilidade de separação. Isso porque, na comunhão universal de bens, tudo que cada pessoa tinha em nome dela, o que veio a adquirir, bens herdados e bens doados, se mistura e vira uma coisa só.

Agora, é o que sempre digo: só é o regime do amor verdadeiro quando a outra parte é mais rica, porque, se a mais rica for você, minha amiga, vai sair na desvantagem. Lembre-se sempre da porcentagem de pessoas que se divorciam. Pode acontecer com você, sim. Meu primeiro casamento foi pela comunhão universal de bens, mas, como nenhum dos dois tinha posses, ninguém saiu no prejuízo.

Mas preste bem atenção: apesar de a comunhão universal de bens estar longe de ser o mais justo, se por acaso um fazendeiro muito rico te pedir em casamento por esse regime, não vá recusar, hein! Eu sei que quando falo isso na internet, os "princesos" ficam todos ofendidos, mas é uma brincadeira, gente (com um fundinho de verdade)!

Agora, falando sério, eu sei que homens também podem ser vítimas de mulheres mal-intencionadas. Uma vez, por exemplo, recebi no Instagram uma pergunta de um homem que tinha se casado havia pouco tempo com uma mulher que era filha de um fazendeiro. Durante o namoro, que durou só três meses, eles sempre iam lá e, inclusive, conviviam com o pai dela. Então, ele topou na hora se casar com comunhão universal, já que ia acabar tendo direito também àquela riqueza. Só que, logo depois do casamento, descobriu que ela tinha escondido um fato importante: o pai dela era funcionário, não era dono de nada! Era só administrador daquela fazenda. E ele, que tinha um apartamento próprio, agora teria de dividi-lo com a esposa, sem receber nada em troca. A dúvida dele era se seria possível anular aquele casamento, e eu respondi que não. Tudo bem que nesse caso parece mais um "golpe trocado" em que ele acabou se dando mal.

Mas, de qualquer forma, o regime da comunhão universal de bens deixa a pessoa que tem mais dinheiro bastante vulnerável. Então, você que é uma mulher legalmente informada, com certeza, saberá o que fazer, né?

Separação de bens

Quem me acompanha nas redes sociais sabe que, via de regra, sou contra o regime de separação total de bens. Embora alguns argumentem que esse regime é justo porque é acordado entre o casal, eu discordo. Grande parte das mulheres que atendo e que se casaram nesse regime, na verdade, enfrentaram isso como uma imposição de seus parceiros ou familiares, não sendo um acordo genuíno. O mais comum é a mulher, apaixonada e com medo de perder seu grande amor, acabar cedendo sem perceber o pesadelo que está prestes a enfrentar. E não estou falando somente da parte financeira, que fique claro.

Outra justificativa bem comum é a de que elas aceitaram esse regime porque ficaram constrangidas em debater sobre o tema, que estavam se casando por amor, e tinham receio de serem taxadas de interesseira. Gente, sério, quando ouço esse tipo de coisa eu percebo o quanto as mulheres precisam se conscientizar da importância do papel que elas desempenham na sociedade. O constrangimento deveria ser direcionado para quem propõe regimes de bens que perpetuam a desigualdade e desvalorizam o trabalho não remunerado realizado pela mulher.

Na separação de bens, posso garantir: se a relação não for muito equilibrada, com ambos ganhando aproximadamente o mesmo e ocupando cargos compatíveis em suas profissões, a chance de alguém se sentir frustrado é altíssima. Além disso, nesse regime, é comum que ninguém torça pelo sucesso do outro, já que as conquistas não serão compartilhadas. O abismo entre o casal aumentará de maneira proporcional à desigualdade financeira entre eles.

Mesmo quando a mulher também tem um bom padrão financeiro e, por isso, concorda em se casar nesse regime, ela tende a sair perdendo. Explico: se o casal decidir ter filhos, é a mulher que tem que desacelerar por causa da gestação e licença-maternidade. Quando o filho fica doente, nem se discute quem terá que faltar ao trabalho; será sempre a mulher. Ela terá muito mais dificuldades do que o parceiro para fazer uma especialização na sua área ou ter mais de um emprego, por exemplo, pois seus horários estão sempre limitados pelos cuidados da casa e dos filhos. Porque é assim: se o marido passa dias viajando a trabalho, ele é admirado por todos, visto como um pai trabalhador. Agora, se é a mulher quem precisa viajar e deixar o filho três dias aos cuidados do pai, ela é taxada de negligente e vão dizer que ela não prioriza a família. Esse trabalho invisível, que nunca é valorizado, é um dos principais fatores que, historicamente, mantêm as mulheres em uma posição financeira inferior à dos homens.

Vou descrever a dinâmica familiar quando o regime é o da separação de bens: enquanto a mulher trabalha, divide as contas, cuida da casa e dos filhos, proporcionando um lar saudável e equilibrado *para o casal*, o que beneficia diretamente o marido, ele está enriquecendo às custas de sua esposa e aumentando o patrimônio que será *apenas dele*. Vamos imaginar que o casamento seja uma empresa. Na comunhão parcial de bens, a mulher desempenha várias funções e é sócia de tudo. Se a empresa for vendida, ela receberá sua participação financeira. Já na separação de bens, ela exerce o papel de uma funcionária sem remuneração, sem direitos trabalhistas e, o pior de tudo, sem qualquer reconhecimento. É como trabalhar arduamente em um lugar em que seu papel foi fundamental para que ele existisse e, no final, os frutos desse trabalho irem apenas para outra pessoa. É por isso que considero esse regime extremamente injusto para a mulher!

E, tem mais, sabia que a maioria dos casos que vejo no escritório, em que o homem vai embora de casa para morar com a amante, eles estavam na separação de bens? Sim, e eu vou te explicar o porquê. É muito mais fácil tomar uma atitude inconsequente quando não há dinheiro nenhum envolvido. Correr o risco de perder metade do patrimônio por uma aventura faz com que eles pensem pelo menos um pouquinho mais.

Então, minha amiga, já sabe: é melhor se casar com um homem de classe média, pela comunhão parcial de bens, em que vocês terão a oportunidade de crescer juntos, do que com um rico pela separação de bens, que, na primeira oportunidade, vai mandar você embora de casa dizendo que ali não tem nada seu.

E se, mesmo depois de tudo o que conversamos, você ainda assim aceitar a separação de bens, foque, acima de tudo, no seu crescimento profissional. Quando você pensar em se acomodar, lembre-se de que o seu castelo é de areia. Agora, se por acaso você tem um salário expressivamente mais alto que o do seu companheiro, e existe a sólida expectativa de que isso se manterá assim, depois de analisar tudo o que eu falei e ponderar que você não será prejudicada a longo prazo, a separação de bens até pode ser uma boa escolha. Mas existe uma situação em que ela deveria ser obrigatória: quando o "princeso" for acomodado e sem ambição. Nesse caso, o melhor é nem levar essa história adiante porque o final a gente já conhece.

Mas, fora isso, é preciso muito cuidado para não ficar para trás nesse regime, como aconteceu com a Priscila, da história que vou contar agora.

■■■

Quando tinha seus 25 anos, Priscila, formada em economia, trabalhava no departamento de auditoria de uma grande multinacional. Por meio de amigos em comum, ela conheceu Augusto, que era só dois anos mais velho do que ela. Ao contrário de Priscila, que havia crescido em uma família de classe média, mas sempre tinha trabalhado e dependia de seu emprego para viver bem, Augusto contava com o dinheiro da família e, aos 27, já era diretor da empresa do pai.

O namoro, que durou dois anos, era muito bom: ambos falavam em casar, ter filhos, comprar um bom apartamento para esse novo núcleo familiar. Queriam uma festa de casamento tradicional e grande, e Priscila já sonhava em usar um vestido todo rendado, ter suas melhores amigas como madrinhas, a coisa toda.

Embora a família dele não parecesse tão animada quanto a dela, Priscila imaginava que era porque ele era o único filho homem e, quando se casassem, ia sair de casa. Então, quando completaram dois anos de namoro, Augusto a levou à Grécia, uma viagem que ela sempre tinha sonhado em fazer, e a pediu em casamento com um anel lindo. Priscila ficou emocionada, aceitou na hora e, assim que voltaram, já começaram a planejar o grande dia.

Durante os preparativos, faltando mais ou menos quatro meses para a festa, Augusto chamou Priscila para conversar e explicou que o pai havia pedido explicitamente que ele se casasse com separação total de bens. O homem estava preocupado com o dinheiro da família e com o destino da empresa, que achava justo ficar apenas nas mãos de Augusto, que estava a caminho de ser seu sucessor. Aquilo, no fundo, deixou Priscila um pouco incomodada, mas, como ela tinha seu emprego e já estava tão envolvida com o casamento, acabou aceitando.

Logo após o casamento, naturalmente, o padrão de vida de Priscila subiu muito. Nos primeiros meses, eles tiveram uma discussão séria porque ela não pôde se ausentar do trabalho para acompanhá-lo em uma viagem de negócios. Por diversas vezes, Augusto também ficou aborrecido por não poderem desfrutar juntos de um longo período de férias, pois Priscila precisava trabalhar. Mas ela resistia. Mesmo que o que ganhasse em um mês inteiro de trabalho fosse equivalente ao valor de alguns jantares com o marido, ela não desanimava, pois sabia que tinha potencial para crescer dentro da empresa.

Priscila engravidou após quatro anos de casamento. Junto com seu lindo bebê, nasceu também a culpa. Quando o período de licença-maternidade estava chegando ao fim, ela começou a se perguntar que tipo de mãe seria, deixando seu filho tão pequeno aos cuidados de terceiros. O fato de não depender do salário que recebia para viver fez com que ela visse seu emprego como um capricho egoísta para se manter no ideal de mulher independente.

Mas agora tudo era diferente. Ela não podia mais priorizar o próprio ego em detrimento do filho. Foi então que decidiu tirar um tempo sem trabalhar para se dedicar ao bebê. Quando ele estivesse maior, ela retomaria a carreira. E, assim, Priscila pediu demissão.

No ano seguinte, ela engravidou novamente, dessa vez de uma menina. Sua vida se resumia a cuidar dos filhos, dar atenção ao marido, coordenar os funcionários da casa e cozinhar. Ela fazia questão de preparar as refeições para a família, e esses afazeres consumiam seu dia inteiro. De manhã, preparava o café e levava as crianças para a escola. Depois ia para a academia e logo voltava para fazer o almoço. Buscava as crianças na escola, almoçava com a família e, à tarde, se tornava a famosa "mãetorista", passando a tarde toda em função das atividades dos filhos. Chegava em casa no fim do dia, preparava o banho das crianças, servia o jantar e depois os ajudava com as tarefas. Augusto chegava por volta das 21 horas. A essa hora, as crianças já estavam dormindo, e ela se arrumava para estar linda para o marido. Pelo menos duas vezes na semana, jantavam em algum restaurante da moda.

O tempo passou e, mesmo com os filhos não precisando mais de cuidados o tempo todo, ela gostava de acompanhar tudo de perto. Priscila tinha uma vida muito confortável, não lhe faltava nada. Enquanto isso, Augusto realmente decolou profissional e financeiramente: a empresa da família lucrava cada vez mais e já era a maior de seu segmento. Com o pai aposentado, ele virou CEO e aumentou exponencialmente seu patrimônio.

Infelizmente, quando estavam prestes a completar vinte anos de casados, o castelo de areia de Priscila começou a ruir. Uma de suas amigas contou que viu Augusto em um restaurante com outra mulher. No primeiro momento, ela pensou que pudesse ser fofoca. Mas aquela desconfiança tirou a sua paz. Priscila aproveitou que Augusto tinha deixado o computador aberto sobre a mesa enquanto tomava banho e, pela primeira vez em sua vida, foi olhar as conversas no WhatsApp dele. Lá encontrou tudo o que não queria. Ela ficou arrasada, sentiu como se o chão tivesse desaparecido sob seus pés, perdeu o ar. A dor era dilacerante. Em silêncio, depois de passar a noite toda sem dormir, decidiu não o confrontar. O medo pelo futuro, tanto dela quanto dos filhos, a paralisou. Sabia que, em caso de divórcio, ficaria sem nada. Assim, mesmo com o coração sangrando, engoliu o orgulho e continuou suportando a situação por muitos e muitos anos. Ela nunca mais foi a mesma.

Um dia, ao dar carona a uma amiga até o aeroporto, Priscila deu de cara com Augusto e a amante no estacionamento. Fora de si, ela correu ao encontro deles, mas eles entraram rapidamente no carro e fugiram. Quando se encontraram em casa, Priscila avançou para cima do marido, gritando e xingando, despejando toda a dor e raiva que guardara por todos aqueles anos. Augusto, apenas se desculpou e pediu o divórcio. Ele saiu de casa naquele dia. Durante a semana, eles se reuniram com o advogado da família para tratar da separação. Augusto fez questão de lembrar que ela não teria direito a nenhum dos bens dele, pois estavam casados sob o regime da separação total de bens. Como gesto de gratidão, ele ofereceu a ela um apartamento que não chegava nem a 5% do valor da casa em que moravam, além de propor pagar uma pensão por dois anos. No entanto, o valor dessa pensão não seria suficiente para cobrir os gastos que ela tinha com seus animais de estimação. Augusto afirmou que ela deveria se considerar grata pela vida de luxo que teve todo esse tempo, disse que, se ela não trabalhou fora foi por escolha própria, e sugeriu que procurasse emprego o quanto antes, pois sua "ajuda" se encerraria em dois anos.

Priscila, já uma mulher de meia-idade, havia tanto tempo fora do mercado de trabalho, sabia que seria muito difícil conseguir alguma renda. Sentia-se traída, usada e desamparada, com o coração despedaçado e um futuro incerto. A vida que ela conhecia havia desmoronado, e ela se via sozinha e praticamente sem nada, após anos de dedicação à família.

Pois é, minha amiga, a história da Priscila é bem comum: homem muito rico, via de regra, pede para se casar com separação de bens, e muitas vezes com essa justificativa de que o pai não deixa que ele se case com o regime

O casamento e os regimes de bens possíveis

de comunhão. Eu mesma já passei por isso quando era mais nova — e desisti do casamento! Acontece que é bom você saber desde já que esse tipo de desculpa, de não querer dividir a herança da família, é a maior balela, já que heranças não são compartilhadas na comunhão parcial.

Vocês sabem que eu digo e repito para buscarem a independência financeira. No entanto, se o seu casamento for sob o regime de separação de bens, isso é ainda mais crucial. E se você se casar com uma pessoa que tem dinheiro, o seu esforço deverá ser dobrado. Sabe por quê? Sem aquela motivação diária chamada boleto para pagar, existe uma grande chance de acontecer com você o mesmo que aconteceu com a Priscila.

Contudo, se você já teve aquela conversa com o "princeso" e ele está irredutível quanto à separação de bens, e você, cega de paixão, realmente deseja prosseguir, existem maneiras de amenizar os prejuízos futuros. Por meio de um contrato pré-nupcial, ou até mesmo um acordo de convivência celebrado entre as partes, é possível estabelecer uma compensação financeira em caso de divórcio. O mais comum é prever um valor específico para cada ano de casamento, ou a cada período determinado, como cinco anos, por exemplo, podendo ser exigido tanto durante a união quanto apenas em caso de divórcio. Esse tipo de pacto pode incluir as cláusulas que o casal desejar (desde que não sejam contrárias à lei), como regras de convivência, divisão de tarefas domésticas, indenização por situações como traição, entre outros. Apesar de ainda não ser amplamente difundido, a demanda por esse tipo de contrato está aumentando consideravelmente no país.

No caso da Priscila, apesar de ela não ter feito nenhum contrato que lhe garantisse algo no futuro, ela não pode ficar desassistida e muito menos ser obrigada a aceitar o valor ínfimo que o marido traidor acha justo para ela. Atualmente, as mulheres que se casaram sob o regime de separação de bens podem se valer do que chamamos de alimentos compensatórios. Ele funciona como uma compensação financeira pelo desequilíbrio econômico havido entre as partes durante a união. O valor ficará a critério do juiz, que levará em consideração o padrão de vida mantido durante o casamento, além do tempo e da contribuição de cada cônjuge para a construção desse patrimônio.

Afinal, quando uma pessoa aceita a separação de bens, ela está abrindo mão do direito de partilhar algo que, em muitos casos, ajudou a construir. É importante reconhecer que, mesmo sem uma participação financeira direta, o apoio emocional, o cuidado com os filhos e a administração do lar são contribuições valiosas que permitem ao outro cônjuge se dedicar plenamente à carreira e acumular bens. Ignorar essa contribuição é profundamente injusto.

Foi para corrigir essa injustiça que surgiu a figura dos alimentos compensatórios. Vinda do direito estrangeiro e relativamente nova no Brasil, essa medida veio preencher uma lacuna importante, garantindo que a parte mais vulnerável na relação não saia prejudicada economicamente após o término do casamento. Portanto, mesmo em regimes

O casamento e os regimes de bens possíveis

de separação de bens, existe a possibilidade de buscar uma compensação financeira justa, sim!

Em relação à pensão alimentícia, dependendo da idade da mulher e da capacidade econômica do ex-marido, é inaceitável que essa obrigação seja por tempo determinado. Uma mulher de 55 anos, financeiramente dependente e fora do mercado de trabalho, não pode aceitar um acordo de pensão que dure apenas dois anos. O ideal é que o valor da pensão seja adequado às necessidades da mulher, garantindo que ela mantenha um estilo de vida digno, semelhante ao que já usufruía quando casada. Nesses casos, a figura dos alimentos compensatórios aparece mais uma vez, mas com uma função diferente: minimizar a abrupta queda no padrão de vida que pode ocorrer com a separação. Felizmente, em alguns casos, nosso judiciário tem sido sensível a essas situações.[21] Afinal, após anos de dedicação à família, é desumano que a mulher seja abandonada sem o devido suporte. Por outro lado, para uma mulher jovem, haverá muito mais facilidade de se inserir no mercado de trabalho.

Para entrar com uma ação de alimentos, e conseguir um valor razoável, será fundamental reunir provas, primeiramente, da sua necessidade. Isso inclui faturas de cartão de crédito, cupons fiscais de mercado, farmácia, lojas, salão de beleza, recibos de funcionários, comprovantes de pagamento de luz, condomínio, aluguel, entre outros. No capítulo sobre pensão,

21. Algumas fontes e acórdãos para quem quiser saber ainda mais sobre o tema: bit.ly/3YpiAX5. Acesso em: 8 ago. 2023.

você encontrará uma tabela que exemplifica os gastos que devem ser inclusos; basta adequar à sua realidade. Para despesas que você não tiver o comprovante de pagamento por terem sido pagas pelo seu ex, como o condomínio, por exemplo, tenha em mãos o comprovante da despesa, que nesse caso seria o boleto.

Depois, a busca será por provas da capacidade financeira dele: transferências para você, comprovantes de contas pagas por ele, fotos de viagens, gravações de conversas entre vocês em que ele fala sobre as finanças, cópias de escrituras de imóveis. Essa é a hora de fazer aquela varredura para juntar tudo que possa mostrar ao juiz de antemão o padrão de vida dele. E lembre-se: o melhor momento para juntar essas provas é antes de se separar.

Sobre a nossa amiga Priscila, o que nos resta é torcer para que ela arrume uma boa advogada que lute pelos direitos dela.

Separação obrigatória

Iara e Rui se conheceram em um baile de carnaval há 25 anos. Ela, com seus 40 anos, tinha uma vida simples, mas feliz, trabalhando como professora de educação infantil. Rui, com 55 anos, era um empresário bem-sucedido, divorciado e pai de dois filhos.

Após um ano de namoro eles decidiram se casar. Devido ao fato de Rui não ter feito a partilha de bens com a esposa do primeiro casamento, o regime de bens imposto por lei foi o da separação obrigatória. Rui sempre dizia que resolveriam a situação, mas a correria da vida e a falta de conhecimento de Iara sobre as implicações desse regime fizeram com que o assunto fosse constantemente adiado.

A empresa de Rui continuava crescendo, o que proporcionava a eles uma vida bastante confortável. Quando estava prestes a completar 45 anos, Iara parou de trabalhar. Na verdade, foi por insistência de Rui, que queria desfrutar, viajando ao lado da esposa, tudo o que conquistou.

Os filhos de Rui nunca aceitaram bem o novo casamento do pai, principalmente a filha mais velha, que ainda vivia às custas dele. Ela falava para todo mundo que Iara era uma oportunista e que, assim que o pai falecesse, ela seria expulsa da vida deles somente com a roupa do corpo. A única coisa que deixava Iara muito chateada era a falta de posicionamento de Rui em relação aos ataques da filha. Contudo, ela acabava relevando, afinal, ele era o pai dela.

Em uma de suas viagens a Veneza, o pior aconteceu: Rui teve um AVC e faleceu três dias depois. O luto foi ainda mais doloroso quando Iara chegou ao Brasil e foi impedida pela filha de Rui de entrar na própria casa. Como no passado ele já havia feito uma *holding* e doado uma boa parte do patrimônio aos filhos, incluindo a casa, Iara não teria o direito de continuar morando lá. Ela não tinha nenhuma reserva financeira, afinal, tinha livre acesso aos cartões e contas bancárias de Rui. No entanto, agora essas contas estavam bloqueadas e ela se encontrava, literalmente, sem um real.

Rapidamente o processo de inventário foi iniciado e os filhos de Rui deixaram claro que Iara não teria qualquer direito sobre os bens do pai.

Desnorteada, ela procurou uma advogada especialista em direito de família, que lhe explicou as duras realidades do regime de separação obrigatória. Segundo o entendimento atual, nesse regime, somente serão partilhados os bens adquiridos durante a união se ficar comprovado o esforço comum na sua aquisição. E, para piorar, este é o único regime de bens em que, se o falecido tiver filhos, a viúva não terá direito à herança.

A advogada informou que, embora a situação fosse complexa, havia a possibilidade de argumentar judicialmente que os cuidados de Iara com a casa e o marido também constituíam um esforço comum, mas isso dependeria da interpretação do juiz. Ou seja, realmente havia alguma possibilidade de ela ficar sem absolutamente nada.

Iara estava inconformada por nunca ninguém ter dito a ela quanto aquele regime de bens era prejudicial. Se ela tivesse insistido, com toda a certeza Rui teria resolvido as questões da partilha com a ex-esposa, e eles teriam alterado esse regime. Mas agora era tarde demais.

O casamento e os regimes de bens possíveis

A separação obrigatória de bens é um regime imposto por lei nas seguintes situações:

- ≫ Quando quem que vai se casar depende de autorização judicial (como pessoas curateladas ou menores de idade).
- ≫ Viúvos(as) que não finalizaram o inventário da(o) falecida(o).
- ≫ Divorciados(as) que não realizaram a partilha de bens com a(o) ex, como é o caso do Rui. (Inclusive, isso pode até ser usado propositalmente.)

Até o ano passado, pessoas com mais de 70 anos também eram obrigadas a adotar esse regime. No entanto, em 2024, a lei mudou. Atualmente, embora a separação obrigatória seja o regime automático para os maiores de 70 anos, ela pode ser afastada por meio de um pacto antenupcial. Vale lembrar que, para quem se encontra em uma das situações descritas, é possível solicitar judicialmente a autorização para se casar em outro regime, desde que se prove que não haverá prejuízo para ninguém. Da mesma forma, fazendo cessar a causa que ensejou o regime da separação obrigatória, também é possível requerer a alteração para outro regime, que é o que eu sempre recomendo.

A história de Iara é um alerta para todas as mulheres que se encontram nessa situação e não fazem a menor ideia das consequências jurídicas desastrosas que podem haver. Mas, pelo menos agora, vocês não podem falar que ninguém avisou, como aconteceu com a nossa amiga Iara, né?

E se eu quiser alterar o regime?

Se ler todas as informações deste capítulo deixou você com o pé atrás em relação a seu regime de bens, seja ele qual for, minha recomendação é que chame seu marido para uma conversa e proponha repensar a situação. Isso é possível a qualquer momento e é relativamente simples, mas, quando se trata do casamento, precisa ser feito judicialmente. Já em relação à união estável, recentemente foi autorizada a alteração do regime de bens diretamente no cartório.

O que vejo acontecer bastante, na prática, é que alguns homens, sabendo que vão pedir a separação, convencem a mulher a mudar o regime de comunhão para separação total de bens, para, assim, ela pensar que não terá direito a nada. Então, lembre também que, independentemente do que aconteça e do acordo feito por vocês, assim como na união estável, que expliquei antes, o regime de bens do casamento nunca retroage. Ou seja, se nos primeiros anos você foi casada em comunhão parcial e, nos últimos, em separação total, ainda tem direito à partilha daquele início.

Eu sei que pensar em escolher um regime de bens inclui considerar eventos tristes e desagradáveis, como a morte ou o divórcio. No capítulo a seguir, incluo algumas histórias sobre como se preparar para uma separação e, principalmente, como lidar com as possíveis armadilhas que descobrimos nessa hora.

CAPÍTULO 3

Divórcio e partilha de bens

Eu sei: ninguém casa querendo se separar. Afinal, geralmente estamos bem apaixonadas nesse primeiro momento, né? Mas, como mostrei na introdução, o divórcio não só pode acontecer como é muito comum. Especialmente se você for religiosa, eu sei que é muito difícil pensar na separação. Mas o que eu acredito é que Deus não quer que você sofra, e muito menos que passe por abusos. Então, se chegou a hora do fim, não tenha medo: faça o que for melhor para você, sua saúde mental e financeira!

Afinal, estar preparada para a possibilidade de ele chegar é bem diferente de casar já pensando no fim. É uma prevenção para você não sofrer violências de todo tipo. Nós sabemos que a maior parte das mulheres tende a passar por problemas financeiros após a separação — e esses problemas acabam abalando-as ainda mais emocionalmente. Inclusive, há um estudo do Reino Unido que mostra que a renda das mulheres é mais afetada que a dos homens depois da separação: a deles cai apenas 18% e a delas, 33%. Depois do divórcio, 31% das mulheres têm problemas financeiros.[22]

Se a parte financeira estiver resolvida, fica só a dor emocional a ser trabalhada. Tem quem me ache uma pessoa fria demais, mas, para mim, a dor da falta de dinheiro e de, por exemplo, não poder dar coisas aos meus filhos é a pior de todas. E é esta a situação que eu mais vejo em minha prática: mulheres que me procuram numa condição financeira supercomplicada que, se não fosse isso, já estariam no processo de superar aquela separação.

Para dar uma ideia de quanto é comum haver problemas no processo de divórcio, basta saber que, até 2021, o número de pedidos de divórcio litigioso (ou seja, aquele em que há briga judicial e envolvimento de advogados) correspondia a, pelo menos, metade dos divórcios no país.[23] E, segundo um estudo feito no Rio Grande do Sul, o perfil de quem opta por cada um desses tipos é bem diferente: a separação amigável

---

22. CRESCER Online. Divórcio afeta negativamente renda da mulher duas vezes mais que a do homem, aponta estudo. *Revista Crescer*, 5 jan. 2021. Disponível em: https://revistacrescer.globo.com/Familia/noticia/2021/01/divorcio-afeta-negativamente-renda-da-mulher-duas-vezes-mais-que-do-homem-aponta-estudo.html. Acesso em: 10 set. 2023.

23. FILHO, Jaire. Divórcios litigiosos se igualam aos consensuais no Brasil. *Jornal do Comércio*, 19 fev. 2023. Disponível em: https://www.jornaldocomercio.com/cadernos/jornal-da-lei/2023/02/1095306-divorcios-litigiosos-se-igualam-aos-consensuais-no-brasil.html. Acesso em: 10 set. 2023.

era mais comum para casais com poder socioeconômico mais baixo.[24] Faz sentido, já que uma das coisas que levam a problemas é justamente a divisão dos bens do casal.

Ah, e é bom você saber que o divórcio só pode ser feito extrajudicialmente se cumprir estas condições:

> ⫸ Não haver filhos menores de idade ou incapazes, ou, se houver, as questões relativas a guarda e alimentos já devem ter sido judicializadas.
> ⫸ A mulher não estar grávida (ou, ao menos, não saber que está).
> ⫸ Ambos concordarem com a data do término e a partilha de bens (também é possível fazer a partilha de bens depois).

Lembrando que, mesmo assim, ele precisa ser sempre acompanhado por um advogado.

Neste capítulo, então, vou tirar suas principais dúvidas (como fizemos até aqui: com histórias daquelas!) sobre a que você vai ter ou não direito em relação a patrimônio, casa, empresa e tudo o mais. No próximo capítulo, entramos na questão mais complicada de filhos, guarda e pensão alimentícia. Vamos lá?

---

24. ZORDAN, Eliana Piccoli; WAGNER, Adriana; MOSMANN, Clarisse. O perfil de casais que vivenciam divórcios consensuais e litigiosos: uma análise das demandas judiciais. *Psico USF*, v. 2, n. 17, ago. 2012. Disponível em: https://www.scielo.br/j/pusf/a/pjG8SyDWdPgGJJhT6rDHNcP/?lang=pt. Acesso em: 10 set. 2023.

Q | Miriane Ferreira

Já sabe que quer se divorciar? Prepare-se antes!

Jéssica é casada com Vagner há dez anos e tem dois filhos com ele. Os dois se conheceram no trabalho ainda bem jovens — ela, com 23 anos, era assistente administrativa e ele, com 26, gerente de uma grande loja. Depois de alguns meses de paquera, Jéssica aceitou sair com Vagner e, como ele dizia que era bem conservador e queria logo namorar, ela disse sim. Só que, desde o início do namoro, ela notava algumas características da personalidade dele de que não gostava, principalmente o fato de que nem sempre dava a atenção que ela queria. Além disso, a família dele sempre fora de classe média, enquanto a dela era de classe mais baixa. Ele costumava dizer que, por causa disso, ela não sabia lidar com dinheiro e ia continuar ganhando pouco naquele emprego. Porém, todos ao redor de Jéssica diziam que ele era um cara responsável, que tinha um trabalho estável e, por isso, era um partidão. Então, depois de três anos de namoro, quando Jéssica tinha 26 anos e Vagner, 29, ela aceitou o pedido de casamento.

Vagner logo lançou mão da mesma história de que ela não era boa com dinheiro (aliás, ele achava mesmo que mulher nenhuma tinha que lidar com isso) e disse que seria o único responsável por cuidar de toda a parte financeira da família. Como ele tinha um trabalho estável, ganhava mais e lhe garantiu que poderia sustentar a família enquanto ela se dedicava a cuidar da casa e dos filhos, Jéssica parou de trabalhar. Eles eram casados pelo regime de comunhão parcial de bens, então, com o pouco que conhecia e pesquisou na internet, ela soube que, pelo menos, nunca ficaria desamparada.

O primeiro filho veio já após o primeiro ano de casamento e o segundo, três anos depois. Ela vivia ocupada com a casa e com os pequenos e, no começo, achava até bom não precisar sair para trabalhar. Vagner dizia que, como o dinheiro entrava em casa pelas mãos dele, ele era o responsável por tudo. Esse, para Vagner, era o papel do homem — falava sempre que, na igreja, o pastor reforçava que o homem precisa liderar a mulher em tudo e ela deveria ser completamente submissa. Então, Jéssica sempre prestava contas do que tinha de comprar para a casa. Como ela não tinha acesso a cartões bancários, para fazer mercado, por exemplo, tinha que pegar antes o dinheiro com Vagner, que dava tudo bem contadinho.

No começo, ele ainda dava um pouco a mais, tentando agradar pelo menos os filhos. Mas, com o passar dos anos, Vagner foi ficando ainda mais radical: dizia que ela só queria saber de gastar o dinheiro dele, que era aproveitadora. Bolacha para os filhos, por exemplo, passou a ser uma raridade, porque ele falava que não era necessário.

Depois de muitos anos assim, Jéssica pensou que um jeito de melhorar um pouco sua situação seria fazer alguns trabalhos de artesanato que aprendeu pelo YouTube e vender. Vagner falava que jamais permitiria que a mulher trabalhasse, então, ela fazia tudo nas poucas horas em que as crianças estavam na escola, o que significava que precisava cuidar da casa e fazer faxina sempre à noite ou até de madrugada. Jéssica começou a divulgar esse trabalho pelas redes sociais e vender um aqui e outro ali, mas, claro, nem de perto o suficiente para sustentar a casa e os filhos. O dinheirinho que entra, ela usa para comprar alguns itens para suprir as necessidades dos meninos, que Vagner sempre reluta em atender: material escolar, um calçado ou roupas para substituir as que não servem mais, alguma comida de que eles gostem.

Nos últimos dois anos, além dos problemas que agora ela reconhece que já existiam, o marido passou a não ter muito interesse na vida a dois: prefere passar o tempo livre vendo televisão, indo à igreja ou jogando futebol com os amigos. Tudo isso, junto com a rotina pesada e a falta de conforto financeiro, tem levado Jéssica ao limite. Decidida a lutar até o fim, especialmente pelos filhos, ela já tentou de tudo: conversou com ele, se aconselhou com o pastor, tentou ser ainda mais econômica e atenciosa com o marido, mas nada muda. Então, depois de falar com algumas amigas, ela se fortaleceu e está pensando em se divorciar.

Só que, toda vez que Jéssica menciona que pensa em divórcio, Vagner não aceita e nunca reage bem. Ele a ameaça, dizendo que é ele quem sustenta tudo e que, quando se separarem, ela ficará sem nada — inclusive, ele passou a regular ainda mais o dinheiro a que ela tem acesso. Isso, junto com o receio de que os filhos sofram muito, a impediu, até agora, de tomar essa decisão, e a situação tem ficado cada vez mais insustentável.

Como falei no início do capítulo, a gente sabe que divórcio é algo superdesgastante, principalmente quando envolve filhos, como no caso da Jéssica. Ela lutou pelo casamento nos últimos dois anos, tentando até a reconciliação, e acho que fez certo. Eu sou da opinião de que a gente tem que lutar pelo casamento enquanto for possível, principalmente se tiver filhos. E entendo bem a Jéssica: eu mesma sentia muita culpa quando me separei do pai do meu primeiro filho, porque pensava que era melhor ele ser criado com o pai por perto e que a culpa de um possível afastamento seria minha. Só que aprendi, com o tempo e com as histórias que testemunhei, que não adianta nada estar casada com uma pessoa que é o pai do seu filho e seu filho ver o caos dentro de casa.

Definitivamente, ficar junto só por esse motivo não vale a pena. Se um relacionamento não tem mais a possibilidade de te fazer feliz, você precisa sair dele. E preciso dizer que, para mim, a dor sentimental passa mais fácil: o que dói mesmo é a falta de dinheiro, é não poder dar as coisas para os filhos — e você, assim como a Jéssica, não quer, com razão, passar por isso!

A dependência financeira do marido, quando ele é o provedor da casa, faz com que o divórcio pareça impossível para muitas mulheres. Inclusive, entre as que sofrem violência (e, lembrando o que falei lá no começo do livro, a violência pode ter várias formas), quase 46% não denunciam o agressor nem se separam dele por causa disso.[25] Para mim também, durante muito tempo, me separar não foi uma realidade, porque eu não era financeiramente independente. Eu sei o que passa na cabeça: como vai ficar a casa? O que vai ficar para mim e o que a gente vai partilhar? Será que eu vou dar conta desse divórcio?

Para responder a essas perguntas, antes de mais nada, você precisa se preparar assim que tiver certeza de que quer se divorciar. A primeira opção é sempre ter uma conversa franca com o marido, explicar, quando possível, que você quer se divorciar e entender como vai ficar a pensão, o que vai ficar para você e tudo o mais. Porém, nem sempre é possível levar essa parte da forma amistosa como gostaríamos — e já vimos que, no caso da Jéssica,

---

25. MULHERES não denunciam agressor por dependência financeira. *Terra*, 21 dez. 2022. Disponível em: https://www.terra.com.br/nos/mulheres-nao--denunciam-agressor-por-dependencia-financeira,abe49c9db9f799c0bb-dee0fedf9acb2aad3xiw9r.html. Acesso em: 15 ago. 2023.

a reação não foi muito bacana. E aqui vale um conselho: não fale de divórcio se não estiver realmente decidida, para evitar qualquer tipo de manobra por parte do cônjuge para esconder tudo a que você teria direito na partilha antes da separação.

Se isso acontecer com você também, é hora de conhecer detalhadamente todos os seus direitos. Por enquanto, deixe de lado as conversas sobre o assunto e vá entender tudo o que você pode ter nesse divórcio, para, na próxima conversa, já se posicionar com segurança. Quando você já vem anunciando as coisas a que sabe que tem direito, tudo muda.

Nós sabemos que o mais comum é, como no caso de Vagner, o marido responder: "Você não vai ter direito a nada, fui eu que comprei tudo". Mal sabe ele que não é bem assim. Já vimos, no capítulo anterior, que nenhum regime de bens deixa totalmente desamparada a mulher que precisa de assistência financeira, mas a ameaça já nos mostra que, se a Jéssica pedir o divórcio sem estar preparada, ele vai fazer de tudo para realmente deixá-la sem um real.

A preocupação dela, como a de tantas mulheres, é garantir que os filhos e ela estejam na melhor situação possível. Em casos como o da Jéssica, em que a mulher é completamente dependente financeiramente, para não correr o risco de ela ficar até mesmo sem o que comer no período entre a separação e o início do recebimento da pensão, a minha recomendação é que ela entre com a ação de alimentos antes de anunciar o processo de divórcio. Na nossa terminologia do direito, ela e os filhos receberão algo que se chama "alimentos provisórios", determinado pela Lei de Alimentos (Lei nº 5.478/68).

Na prática, funciona assim: quando você entra com uma ação de alimentos, o juiz, sem ouvir a outra parte, vai deferir um valor antecipadamente que, em regra, valerá até o fim do processo. Esse valor inicial dependerá quase que exclusivamente das provas apresentadas até aquele momento (para saber quais documentos você deve juntar, veja o Capítulo 4, que fala sobre a guarda e alimentos dos filhos).

Depois de fixada a pensão alimentícia, um oficial de justiça será encarregado de "avisar" o devedor para efetuar o pagamento, e a maior demora geralmente ocorre nesse ponto, já que alguns homens ficam fugindo desse encontro. Quando o devedor for citado, será entregue a ele um papel em que constará a decisão do juiz com o valor definido e a data do pagamento, que normalmente é até o décimo dia do mês. Se ele não pagar dentro do prazo estabelecido, será possível cobrar judicialmente, podendo, inclusive, solicitar a prisão dele.

Pensando no caso de Jéssica, o que vai acontecer, então, é que, um dia, ela vai estar em casa e vai chegar um oficial de justiça para citar Vagner. Ele deve começar a pagar dentro do prazo estabelecido. Se você também for fazer algo assim, saiba: seu marido provavelmente vai ficar muito bravo. Para sua segurança, aconselho deixar uma câmera em algum lugar da casa e, no dia, informar a ele que tudo está sendo gravado e que algum familiar seu tem acesso às gravações. Isso pode ajudar a proteger você contra possíveis agressões; também é importante avisar as pessoas mais próximas. Se acontecer qualquer tipo de violência, você pode — e deve! — entrar com uma medida protetiva.

Divórcio e partilha de bens

A vantagem de proceder dessa forma é justamente o tempo que se ganha. No caso de Jéssica, já dá para saber que, quando ela mostrar que entrou com o pedido de divórcio, Vagner pode tentar tirá-la de casa e, sem dúvida, não vai mais pagar absolutamente nada por vontade própria. Assim, ele vai ter que cumprir o que está na decisão do juiz.

Como também é possível justificar a negativa de pagar alimentos, pode ser que ele diga que não vai pagar porque ela ainda mora na casa, ou seja, está sendo sustentada. Jéssica e todas as mulheres que estão nessa situação podem ficar tranquilas, porque isso não é uma justificativa válida, e, se a recusa a pagar continuar, o juiz vai ordenar a prisão dele.

É claro que essa medida, apesar de ser uma forma de garantir seus direitos com maior rapidez, gera bastante desgaste — por isso deve ser usada em último caso, quando a conversa não funcionou e o casamento já está abalado demais. Uma alternativa menos arriscada é você avisá-lo do processo somente depois que o juiz determinar a citação dele (a sua advogada terá essa informação). Assim, não o pegará tão de surpresa e pode ser que ele nem acredite que você esteja falando a verdade.

Partilha de bens: cuidado com os detalhes

∎∎∎

Marina e Júnior se conheceram na faculdade de direito. Eles namoraram durante os últimos três anos do curso e, assim que se formaram, se casaram.

Nessa época, Marina tinha sido promovida de estagiária a advogada júnior em um escritório. Pouco depois do casamento, Júnior resolveu abrir uma empresa de sistemas de computador para advogados. Por meio dos sistemas, os escritórios podem controlar o fluxo de clientes e ações, datas de petições, audiências e tarefas, além dos ganhos com honorários e indenizações. O produto virou um sucesso, e a empresa prosperou. Em dois anos, já tinha muitos clientes e faturava cerca de R$ 2 milhões por ano, com uma despesa fixa muito baixa, o que potencializava os lucros. Os ganhos eram suficientes para viver com conforto e elevar o padrão de vida do casal. Agora eles tinham uma boa casa em um condomínio fechado, carros importados, um apartamento na praia e viajavam a passeio para o exterior com frequência.

No quarto ano de casamento, Marina engravidou. Júnior não queria ter filhos e ficou contrariado, disse que a vida era muito boa só com eles dois e que uma criança ia atrapalhar a rotina e a liberdade deles. Com o tempo, ele pareceu aceitar a gravidez, mas não se envolveu muito, e Marina ficou bem magoada.

O bebê nasceu, e ela decidiu que queria se dedicar integralmente a ele. Na volta da licença-maternidade, Marina pediu demissão. Dinheiro não era um problema para a família. Entretanto, ela sentia que Júnior estava muito distante, dando pouca atenção a ela e ao bebê.

Quando o bebê completou um ano, eles mal se falavam. Júnior sempre chegava tarde, dizia que estava com a equipe da empresa desfalcada e trabalhando demais. Quando, raramente, ele estava em casa e conversava com Marina, era para dizer como ela não tinha emagrecido depois da gravidez ou como andava descuidada e feia. Ele também contou que tinha começado a vender o software para outros estados e por isso faria muitas viagens a trabalho.

Só que nessa época, olhando as redes sociais, ela viu Júnior no fundo de uma foto postada por uma amiga de faculdade. Ele devia estar viajando a trabalho, mas a foto havia sido tirada em um show que acontecia naquele dia na cidade deles.

Quando ele voltou para casa, quatro dias depois, ela o confrontou. Júnior admitiu que estava tendo um caso com a amiga de faculdade e que, na maior parte das alegadas viagens a trabalho, ele ficava na casa da amante, ali mesmo na cidade. Também falou que a amante estava sempre pronta e disponível, porque não tinha filhos e ele gostava assim.

Foi aí, com tudo descoberto, que Júnior disse que eles tinham que se separar e ele já tinha pensado em tudo: eles poderiam se divorciar e dividir todos os bens, exceto a empresa. Explicou que eles dividiriam a casa, os carros, o apartamento da praia, mas não a empresa de softwares, afinal, o negócio era só dele.

Depois disso, a situação ficou insustentável. Júnior mal voltava para casa e, quando aparecia, era para perguntar quando Marina ia dar a separação para ele. Ele dizia que não aguentava mais ter uma mulher feia e gorda dentro de casa, que não aguentava mais o barulho da criança, que precisava ser livre para viver com uma mulher que ainda não estivesse estragada.

Para ter paz, Marina cedeu à pressão de Júnior, mesmo sabendo que tinha, sim, direito a uma participação naquela empresa. Ela pensou: "No futuro, peço a partilha dessa parte". Aceitou os termos dele, e assim a separação foi concluída.

Diariamente, atendo mulheres que, como Marina, no calor do momento, abrem mão de algo que seria seu por direito para, anos depois, perceberem que foram passadas para trás e tentarem reverter a situação. As alternativas jurídicas nesse caso são a ação de anulação de partilha e o pedido de sobrepartilha. Conseguir a anulação é relativamente difícil, pois exige que algo muito grave tenha ocorrido, e o mero arrependimento não é suficiente. Já a sobrepartilha, em regra, tem como pré-requisito que o bem fosse desconhecido pelo ex-cônjuge na época da separação, como uma aplicação bancária à qual a mulher não teve acesso. No caso de Marina, tentar reaver algo será um verdadeiro desafio, pois, a princípio, ela não se encaixa em nenhuma dessas situações.

Para mim, as leis rígidas que determinam a possibilidade de anulação da partilha ou de sobrepartilha deveriam ser

Divórcio e partilha de bens

relativizadas. A vulnerabilidade financeira e emocional em que muitas mulheres se encontram durante o período do divórcio deveria ser vista com mais atenção pelo nosso judiciário. Essa situação faz com que elas aceitem acordos extremamente injustos. Seja pela dependência emocional, que as impede de enxergar com clareza o que está sendo acordado, seja pela dependência financeira, que as faz aceitar o que está sendo imposto por medo de ficarem sem recursos para suas necessidades básicas, por não poderem pagar um bom advogado ou ainda por medo das ameaças do ex-marido.

No meu escritório, tenho vários casos de sobrepartilha de bens conhecidos. Apesar de sempre alertar minhas clientes sobre o risco e o grau de dificuldade de uma demanda como essa, minha recomendação é que elas sempre busquem seus direitos. Mesmo lutando quase que sozinha contra a posição majoritária dos tribunais, eu não consigo ficar de braços cruzados diante de tamanha injustiça. E você sabia que muitas alterações de entendimento do judiciário ocorreram a partir de teses de advogados que, inconformados, lutaram incansavelmente por decisões mais justas? Por isso, eu tenho confiança de que, um dia, a realidade de tantas mulheres será diferente.

Então, vale o conselho que já dei e que vou repetir em outros casos: junte provas de tudo! Printe as conversas (e faça a ata notarial), grave o que o outro diz, baixe os documentos, mesmo que, no momento, você ache que não vá fazer nada com isso. Ah, importante: o prazo para anular a partilha de bens, em qualquer caso, é de quatro anos, segundo uma decisão do Superior Tribunal de Justiça.[26]

Apesar de não ser o mais recomendado para a maioria dos casos, sabia que é possível se divorciar e fazer a partilha de bens em um momento posterior? Isso mesmo, e o prazo para isso é de dez anos após a separação de fato. Ou então, se vocês estiverem de acordo, é possível deixar consignado na partilha somente o percentual de cada um no patrimônio e, quando os bens forem vendidos, vocês dividem o dinheiro. Pelo menos, se você quiser se casar novamente, já terá o documento da partilha, que é necessário para que você não seja obrigada a optar pela separação obrigatória de bens.

Pode parecer inacreditável, considerando as histórias que estamos lendo aqui, mas também existe aquele homem bacana que decide deixar a mulher com um valor maior, ou até mesmo renunciar à sua parte da partilha de bens. Quando isso ocorre, para a Justiça, é como se ele estivesse fazendo uma doação: vai incidir um imposto (que se chama ITCMD: Imposto de Transmissão Causa Mortis e Doação, que vou explorar mais lá na frente) sobre a parte dele. Para ficar bem didático, imagine, por exemplo, que vocês têm quatro casas. Chegam a um acordo em que três ficam para você e uma só para ele, sendo que o natural

---

26. STJ. Prazo para anular partilha realizada mediante coação é de quatro anos. *Superior Tribunal de Justiça* – STJ, 14 fev. 2017. Disponível em: https://www.stj.jus.br/sites/portalp/Paginas/Comunicacao/Noticias--antigas/2017/2017-02-14_09-17_Prazo-para-anular-partilha-realizada--mediante-coacao-e-de-quatro-anos.aspx. Acesso em: 10 set. 2023.

Divórcio e partilha de bens

seriam duas para cada um. Você ficou com uma a mais, certo? Então é sobre essa uma casa que você vai ter que pagar imposto.

Quem fica morando na casa?

■ ■ ■

Thamires e Matheus estudaram juntos no colegial. Tiveram um namorico, coisa da juventude, que não prosperou. Os dois acabaram mudando de cidade, indo para a capital na época da faculdade e perderam o contato.

Dez anos depois de mudar de cidade, eles se reencontraram na festa de um amigo em comum, e aquele amor da juventude renasceu de maneira intensa. Daquele dia em diante, Thamires e Matheus não se desgrudaram mais. Eram muito apaixonados, namoraram por quatro anos e se casaram, pela comunhão parcial de bens, com um festão.

Depois de cinco anos de casamento eles compraram um apartamentinho de dois quartos. Já tinham um casal de filhos, o Lucas e a Giovanna, de 3 e 4 anos, respectivamente. E, desde que a mais velha nasceu, Thamires parou de trabalhar para se dedicar apenas aos filhos.

A relação deles era legal, embora com alguns pequenos problemas de convivência. Matheus não colaborava nas atividades da casa, não dividia as tarefas nem o cuidado das crianças com Thamires e criticava a maneira como ela cozinhava e cuidava do lar. Dizia sempre: "Minha mãe faz melhor".

Com sete anos de casados, o pai de Matheus faleceu no interior, e a mãe dele ficou sozinha. Então, ele teve a ideia de trazer a mãe para morar com os dois na capital. Thamires foi contra, porque nunca teve uma relação muito próxima e calorosa com dona Teresa, mas Matheus acabou impondo sua vontade, alegando que, afinal, era só ele que pagava pelas coisas na casa e podia fazer o que quisesse.

Dona Teresa, então, se mudou para o pequeno apartamento do casal. As crianças foram deslocadas para o quarto de Thamires e Matheus, para que a avó pudesse se instalar no quarto delas.

Não demorou muito para que dona Teresa, sem pudor algum, começasse a perturbar a rotina da casa, de Thamires e das crianças. Ela criticava a comida da nora, desautorizava as ações de Thamires com relação aos filhos, dizia que Thamires era péssima faxineira e que só ela sabia cuidar do Matheus. Na casa, as crianças não podiam mais ver desenho na TV da sala, porque a avó assistia à programação religiosa o dia inteiro.

Apesar de Thamires não aguentar mais a presença e o comportamento da sogra, Matheus estava feliz em viver com a mãe outra vez, muito embora ele trabalhasse o dia inteiro e à noite, alternadamente, fosse jogar futebol e assistir aos jogos do campeonato estadual, além de curtir o *happy hour* com os amigos às sextas-feiras, voltando só de madrugada.

Com as crianças vivendo no quarto do casal, eles já não tinham intimidade nem privacidade. Não existiam mais os momentos de carinho, nem acordavam juntos no fim de semana e ficavam enrolando na cama até as crianças levantarem.

Um ano depois que dona Teresa se mudou para lá, Thamires e Matheus já não tinham um relacionamento. No pouco tempo em que Matheus passava em casa, eles discutiam por conta das crianças, da sogra ou das tarefas da casa. As crianças também não cabiam mais nas minicamas, mas não havia espaço para camas de solteiro no quarto do casal, e Matheus se recusava a deixar que a mãe dividisse o quarto com os netos.

Nessa época, Matheus começou a chegar cheiroso e arrumado do futebol. Dizia que estava tomando banho no vestiário do clube depois do jogo. Isso colocou uma pulga atrás da orelha de Thamires, que passou a ficar de olho no marido. Uns dois meses depois, esvaziando os bolsos da calça de Matheus para lavar, Thamires achou um recibo de cartão de crédito. O valor era mais alto do que o casal costumava gastar, e isso chamou a atenção dela — e mais estranho ainda era o nome do estabelecimento: Estacionamento Garden... Como ele teria gastado tanto em um estacionamento qualquer? Durante alguns dias, Thamires ficou com aquilo na cabeça, mas, sem entender o que poderia ser, guardou o papel, até que decidiu pesquisar aquele lugar na internet. E qual não foi a surpresa dela ao descobrir uma matéria de uma revista da cidade que mostrava os nomes que motéis famosos colocavam em suas faturas para não gerar desconfiança. Pois é: o Estacionamento Garden era, na verdade, o motel Fascínio.

Nesse dia, ela esperou Matheus chegar em casa, mostrou-lhe o recibo e pediu explicações. A princípio ele negou que fosse dele, mas acabou cedendo e admitindo que estava saindo com prostitutas em vez de jogar futebol, porque tinha as necessidades dele. Uma gritaria começou, e dona Teresa se meteu, falou que a culpa era de Thamires, que era uma péssima esposa.

Matheus disse, então, que queria se separar e exigiu que ela saísse de casa com os filhos, argumentando que queria ficar sozinho com a mãe lá.

Thamires, sem nenhuma renda, não tem para onde ir — ela poderia ir para a casa da mãe, mas não sabe se pode perder o direito ao apartamento caso vá embora. Ela não tem ideia se pode pedir que o marido saia do apartamento, para que ela possa continuar lá com os filhos. Por tudo isso, Thamires está se aguentando ali, apesar das humilhações e da pressão psicológica que sofre diariamente, vindas da sogra e de Matheus.

Para quem tem filhos, muitas vezes é complicado ter que sair da própria casa.

Mas o que fazer quando o outro se recusa a sair, como o Matheus da história que acabei de contar? Especialmente quando a convivência está inviável, uma possibilidade é entrar com pedido de separação de corpos com afastamento dele do lar. Apesar de ser uma medida mais drástica, é algo que Thamires, por exemplo, pode conseguir, principalmente por ter filhos envolvidos.

E muita gente pensa que, quando é a mulher que decide sair de casa, ela perde seus direitos. Isso não é verdade! Se Thamires decidir ir para a casa da mãe, ela não perde nenhum dos bens que seriam dela. Mas existe um cuidado no caso de quem tem filhos, como ela: o ideal é não deixar as crianças para trás, e sim levá-las junto. Isso porque, se os filhos ficam no apartamento com ele, Matheus pode (principalmente para se vingar) entrar com pedido de guarda provisória — e, durante o processo, é bem possível que ele continue com as crianças. Então, minha amiga, a recomendação é *sempre* levar seus filhos junto. Aí, já em outro lugar, dê continuidade ao processo de divórcio, guarda e pedido de pensão, que serão o assunto do nosso próximo capítulo.

Agora, o que não pode acontecer de maneira nenhuma é deixar passar mais de dois anos sem reivindicar a partilha da casa em que ele ficou morando. Isso porque, depois de dois anos, dependendo da situação específica, pode acontecer algo chamado "abandono de lar": nesse caso, a pessoa que ficou morando na casa pode entrar com pedido de usucapião familiar, o que pode fazer com que a parte que abandonou perca o direito que lhe cabia sobre aquele bem.

Se eu fosse a Thamires, entraria com o pedido de afastamento dele do lar. Como os filhos ficarão morando com ela, existe uma boa chance de o juiz conceder. Outros argumentos que podem fortalecer seu caso implicam comprovar uma traição e demonstrar que ele tem uma condição financeira melhor que a sua, por exemplo.

No caso da Thamires, essa decisão judicial de afastamento não se estenderia à sogra; mas isso não seria um problema, pois ela com certeza não deixaria o filhinho "princeso" sozinho. E o entendimento mais recente dos tribunais é que, quando a mãe continua morando no imóvel com filhos dependentes de alimentos, ela não será obrigada a pagar aluguel ao ex-cônjuge até que o imóvel seja vendido.[27]

Já no caso de um casal sem filhos, o cônjuge que sai da casa tem o direito de receber aluguel daquele que ficou enquanto a partilha de bens não for feita. (A não ser em caso de medida protetiva — aí, o aluguel não será devido.) Ah, e se o ex-casal não chegar a um acordo sobre o que fazer com a casa, o juiz ordenará que o imóvel seja leiloado e o dinheiro dividido. Para evitar essa situação, que certamente trará prejuízo para ambos, o ideal é que, se um não puder comprar a parte do outro, o imóvel seja então vendido para um terceiro.

---

27. MULHER que mora com a filha não terá de indenizar ex-marido pelo uso de imóvel comum. *Superior Tribunal de Justiça* – STJ, 16 jul. 2024. Disponível em: bit.ly/3A6cgdf. Acesso em 21 jul. 2024

Divórcio e partilha de bens

Dá para se proteger dos golpes?

■ ■ ■

Juliana era professora universitária em uma das melhores universidades particulares do país quando conheceu Edson, funcionário público com um excelente cargo, ambos com 30 anos. Desde o início, ela se encantou por ele: tinha um bom emprego, estabilidade, além disso, ele era bastante econômico, o que lhe dava segurança de que não passariam dificuldades no futuro.

Com tudo isso em mente, um ano depois, ela aceitou se casar com ele. Assinaram os papéis direitinho, com comunhão parcial de bens, e foram morar juntos oficialmente. Tudo seguiu sem grandes surpresas. Cada um tinha sua carreira, e dividiam as contas da casa. Desde o começo, Edson convenceu Juliana da importância de investir o dinheiro deles e abriu uma conta na qual os dois fariam depósitos regulares. Ele depositava tudo o que havia ganhado no mês, enquanto ela, que ganhava menos, depositava por volta de R$ 3 mil — mas nem sempre ela conseguia, porque, além de pagar sua parte das contas, investia em tratamentos estéticos e idas ao cabeleireiro, já que o marido dizia constantemente que mulher tinha que estar sempre "impecável".

A conta estava no nome de Edson, mas Juliana nem se preocupou, afinal, ela era instruída e sabia que, com aquele regime de bens, teria direito a metade do dinheiro em caso de divórcio. Depois de um tempo, eles começaram a investir em imóveis para locação, e estavam construindo um grande patrimônio. Afinal, já que ele insistia que fossem extremamente econômicos, raramente viajavam e só saíam para jantar de vez em quando, sempre sobrava dinheiro.

No início do casamento, por alguns anos, Juliana e Edson tentaram ter filhos, mas, com a dificuldade para engravidar, acabaram desistindo. A vida seguia tranquila quando, já aos 45 anos, num corte de custos, Juliana perdeu o emprego. Em meio a uma crise, ela só conseguiu uma posição como professora substituta, ganhando pouquíssimo. Então, Edson acabou se tornando o único provedor da casa.

E foi aí que o perfil conservador e controlador de Edson com dinheiro acabou ficando mais evidente, e de um jeito bem perverso. Quando Juliana saía para fazer as compras de mercado, ele dava o dinheiro contado e a proibia, por exemplo, de comprar carne (para ele, estava caro demais) e outras coisas que considerava supérfluas, dizendo que não queria que ela desperdiçasse o dinheiro dele. Discutiam tanto sobre finanças que chegou ao ponto de ele reclamar que Juliana estava gastando papel higiênico demais!

Certo dia, Edson chamou Juliana para uma conversa e revelou que estavam endividados. Explicou que, ao longo dos anos, para aproveitar oportunidades de imóveis abaixo do valor de mercado, havia pegado dinheiro emprestado de Jorge, um amigo do casal, a juros altíssimos. Segundo Edson, Jorge o procurou dizendo que estava precisando de dinheiro e deu apenas três meses para que ele pagasse o empréstimo. Para corroborar sua história, Edson apresentou um documento chamado confissão de dívida, assinado por ambos, que indicava um valor bastante elevado.

Juliana achou que a solução era simples: vender os imóveis e quitar a dívida com Jorge. No entanto, Edson propôs discutir os juros abusivos do contrato judicialmente. Mas, para isso, afirmou que seria necessário que transferissem tudo o que tinham para o nome da mãe dele, caso contrário, todos aqueles bens poderiam ser penhorados a fim de garantir o pagamento do empréstimo. De início, Juliana achou que a ideia de Edson fazia sentido, já que os juros cobrados eram realmente exorbitantes e eles precisariam vender praticamente tudo o que tinham para pagar a dívida. No entanto, ela se preocupava com o fato de que, ao transferir os bens para o nome da sogra, não teria como reaver esse patrimônio em caso de divórcio ou falecimento de Edson. Quando Juliana pediu um tempo para pensar, o marido ficou indignado, dizendo que ela seria a responsável caso eles perdessem tudo. Apesar da pressão, ela insistiu em não tomar nenhuma decisão naquele momento, achando toda a situação estranha e confusa.

Edson pressionava Juliana dia e noite e, para se vingar, começou a diminuir ainda mais o dinheiro que colocava em casa. A situação se agravou quando Jorge apareceu por lá em um domingo, visivelmente alterado, questionando se Edson cumpriria o que haviam combinado. Foi então que Juliana percebeu a gravidade da situação. Sem outra alternativa, decidiu que aceitaria o que Edson estava propondo. Mas só falaria com ele no outro dia. Já deitada em sua cama, como o sono não vinha, ela foi dar uma olhadinha no Instagram. Nisso apareceu uma advogada respondendo a uma caixinha de perguntas com uma situação parecida — o marido estava colocando os bens em nome da sogra. Dentre as orientações da advogada, uma delas foi a de gravar todas as conversas sobre o tema, pois isso poderia ajudar em um eventual processo.

No dia seguinte, Juliana chamou Edson e disse faria o que ele estava pedindo, mas antes queria uma explicação detalhada da situação. Ela gravou tudo. Nos dias seguintes, eles assinaram vários contratos de compra e venda com a sogra, nos quais ficaram consignados que os pagamento dos imóveis estavam sendo realizados em dinheiro. Após registrar tudo em cartório, Edson afirmou que ingressaria na Justiça contra Jorge. No entanto, isso nunca acontecia, o que deixava Juliana extremamente irritada.

Alguns meses depois, Edson pediu o divórcio. Quando Juliana questionou sobre a partilha de bens, ele alegou que não haveria nada para dividir naquele momento, pois ele assumiria a dívida com Jorge sozinho.

Prometeu que, após resolver a questão, daria a ela o que lhe cabia. Mais uma vez, Juliana gravou a conversa. Embora não soubesse exatamente como usaria as gravações, continuou registrando tudo.

A princípio, Juliana pensou que Edson estava pedindo o divórcio apenas como uma forma de castigá-la por sua demora em aceitar toda aquela situação dos bens, e que logo ele mudaria de ideia. No entanto, Edson saiu de casa e disse que ela deveria fazer o mesmo, já que o imóvel agora estava em nome da mãe dele. No dia seguinte, um advogado procurou Juliana, apresentando-se como contratado por Edson para tratar do divórcio. Dias depois, Juliana viu Edson e Jorge em um restaurante no shopping, felizes da vida.

Você conseguiu entender a jogada de Edson? Ele simulou uma dívida para justificar a transferência dos bens para a mãe. E sim, minha amiga, isso é mais comum do que você imagina. Antes de um divórcio, o homem pode criar empréstimos falsos para ficar com uma parte maior do patrimônio, alegando que assumirá a dívida sozinho. Ou mentir que estão completamente endividados, insinuando que, se a mulher quiser brigar na Justiça, só sobrará a dívida, já que o patrimônio é menor. No caso de Edson, ele foi além. Ele aproveitou a falta de malícia e a dependência financeira de Juliana para que ela caísse nessa armadilha. Se ela me procurasse para atuar no caso, minha primeira sugestão seria tentar um acordo consensual, que é o famoso divórcio amigável. Durante a negociação com o advogado da outra parte, eu mencionaria a existência das gravações e diria que, se fosse necessário partir para uma ação litigiosa, aquele empréstimo fraudulento seria anulado. Isso porque, com toda a certeza, não seria encontrada nenhuma transferência de Jorge para Edson que justificasse aquela dívida. Esse fato seria facilmente comprovado por meio da quebra do sigilo bancário dele e, por eles serem casados pela comunhão parcial, Juliana teria acesso aos dados financeiros.

E se mesmo assim ele não aceitasse entrar em um acordo e devolver tudo a que Juliana tinha direito, judicialmente seriam questionados pontos como, por exemplo, se a mãe dele tinha condição financeira para comprar todos aqueles bens. Mas, com aquelas gravações em mãos, a vitória da nossa amiga seria quase certa.

Está vendo como saber dos seus direitos e se preparar para um possível divórcio pode mudar sua vida? É o que sempre digo: a melhor hora de juntar provas é estando ainda casada.

Agora, um aviso importante: divórcio consensual somente se for com uma advogada da sua confiança, nada de acreditar que o advogado escolhido por ele atenderá os interesses dos dois, ok? E a prova de fogo para você saber se o seu futuro ex está sendo justo ou se está escondendo algo é pedir que ele sente do seu lado e entre no site do Registrato, criado pelo Banco Central (é só digitar no Google).

Lá, você vai clicar no ícone "relatório financeiro", que gerará uma lista com todas as contas que ele tem ou teve. Isso é importante porque, infelizmente, já vi muitos

Divórcio e partilha de bens

casos em que o marido apresenta para a esposa o saldo de três contas bancárias, e a partilha é feita com base nisso, quando na verdade ele tinha várias outras com dinheiro guardado! Com o Registrato, isso não vai acontecer: pegue a relação das contas encontradas e peça que ele abra, na sua frente, todos os extratos. Se ele não aceitar fazer isso, como acontece com a maioria dos homens, pode ter certeza, minha amiga, que ele está tentando te passar para trás. E aí, nada de divórcio consensual.

E fique sabendo também que qualquer movimentação financeira muito próxima ao divórcio pode ser considerada fraude. Quando há um dinheiro no banco e o homem "some" com ele, aquele valor pode entrar na lista de partilha e vai, sim, ter que ser dividido com você.

Violência doméstica e indenização

Aos 22 anos, quando era modelo de uma agência, Ana costumava trabalhar como recepcionista em diversos eventos. Foi em um deles que conheceu Roberto, um empresário de 42 anos que estava lá para assistir à palestra de um famoso *coach*.

Ana não tinha feito faculdade nem pensava em ter outra carreira e, quando começou a se relacionar com Roberto, logo parou de trabalhar como modelo.

Em poucos meses, casaram-se na igreja e começaram uma vida de casados, optando, como a maioria das pessoas, pela comunhão parcial de bens. Ele, muito religioso, insistiu que deviam ter filhos imediatamente, e ela cedeu. Em três anos de união já tinham dois filhos, uma menina e um menino, e Ana vivia para cuidar deles.

Roberto ganhava muito bem com seus negócios e proporcionava um bom padrão de vida para a família. Não comprava itens de luxo para Ana nem nada assim, mas eles viviam numa cobertura, em um ótimo prédio, num bairro em que ela sempre tinha sonhado em morar. Saíam para jantar e viajavam, e Roberto sempre registrava tudo e postava em suas redes sociais. Nesses primeiros anos de relacionamento, Ana vivia deslumbrada.

E Roberto, sempre falando da importância da família, começou a ficar famoso nas redes sociais. Ainda frequentando os eventos de *coaches*, ele começou a também postar sobre o assunto, vendendo cursos e palestras de autoajuda para empresários. Lançou um livro que vendeu muito bem e era admirado por todos.

Porém, quanto mais famoso Roberto ficava, mais Ana percebia que ele ia perdendo a paciência com ela. Tinha ciúme, porque achava que ela se arrumava demais e dava bola para outros homens nas redes sociais. Começou a proibir que postasse fotos e passou a gritar com ela. Em uma dessas brigas em que a acusava de estar com outro, ele socou a parede, o que deixou Ana com muito medo.

Principalmente por causa dos filhos, Ana foi relevando toda essa situação — não queria se separar. Por mais que ela deixasse de postar nas redes e só ficasse em casa com a família, o ciúme dele só piorava, e as brigas também. Até que, um dia, ele a agrediu fisicamente. Depois disso, essa situação de violência começou a se repetir com frequência.

Ana chegou a contar para uma amiga, mas ela, que era fã do que Roberto escrevia, se recusou a acreditar. Ele era superdefensor da família, dava ótimos conselhos na internet, com certeza Ana estava entendendo mal a situação toda, ele devia só ter perdido a cabeça, mas era um homem excelente.

Assim, ela foi se sentindo cada vez mais sozinha. Sabia que precisava sair daquela situação, mas como, se não tinha nada que fosse dela? Além do mais, ele cuidava para que as agressões não deixassem marcas no corpo dela — quando deixavam, eram em lugares bem escondidos, para ninguém ver.

Como Ana ficava presa em casa, acabou travando amizade com a zeladora do prédio, a Irene, que vez ou outra passava na casa dela para dar algum aviso ou resolver algum probleminha. E, mais de uma vez, Irene testemunhou Roberto gritando e ameaçando Ana, e também pôde ver as marcas escondidas no corpo da amiga. Foi Irene quem começou a dar forças para Ana sair dali, porque sabia que aquela situação podia piorar.

Um dia, Roberto chegou em casa dizendo que tinha passado por muitos problemas no trabalho e não queria papo. Estava muito nervoso e, quando Ana serviu o jantar, ele disse que estava horrível, jogou tudo no chão e bateu nela mais uma vez. Nesse dia, ameaçou até os filhos — e foi aí que ela percebeu que precisava sair daquele relacionamento com urgência.

Pela internet, Ana encontrou um grupo de advogadas que ajudavam justamente mulheres passando por situação de violência. Depois de relatar sua história, ela foi orientada a pedir uma medida protetiva contra Roberto. Ele foi obrigado a sair de casa e, na própria medida protetiva, o juiz deferiu uma pensão para os filhos e para ela, já que eram dependentes financeiramente dele. Agora, pelo menos enquanto as questões da Vara da Família são resolvidas, Ana e seus filhos estão seguros.

Quando falamos em violência doméstica dentro do casamento, infelizmente eu já vi coisas horríveis acontecerem, como no caso de Ana — de mulheres sendo espancadas —, e até maridos que dopavam a esposa para cometer abusos. Afinal, já falamos, lá no começo, dos números tristes da violência contra a mulher no Brasil. E pior: esses homens, em geral, se fazem de santos fora de casa. Aí, só outras mulheres para socorrerem essa vítima. Ainda bem que elas existem!

O ciclo da violência doméstica

O ciclo da violência é uma forma como a agressão se manifesta em algumas relações abusivas, composto de três fases distintas: a da tensão, a da agressão e a da lua de mel. A fase da tensão é marcada por momentos de raiva, insultos e ameaças, que deixam o relacionamento instável. Durante esse período, a vítima sente que está pisando em ovos, tentando evitar qualquer comportamento que possa desencadear a ira do agressor. Na fase da agressão, o homem perde o controle e explode violentamente. Essa fase pode envolver violência física, verbal, emocional ou até mesmo sexual. A vítima fica vulnerável e assustada, sofrendo tanto física quanto psicologicamente. Na fase da lua de mel, o agressor pede perdão e tenta mostrar arrependimento, prometendo mudar suas ações. Ele se torna carinhoso e atxencioso, fazendo com que a mulher acredite que ele realmente mudou. No entanto, essa fase é temporária e serve para manter a vítima presa na relação. Com o tempo, o ciclo se repete, com a fase da lua de mel se tornando cada vez mais curta e as agressões, mais frequentes e intensas. Romper esse ciclo não é fácil, especialmente em relações de longa duração e com filhos envolvidos.

Os efeitos da violência doméstica na saúde física e mental das mulheres são devastadores. De acordo com pesquisas do Instituto de Pesquisa Econômica Aplicada (Ipea), as mulheres expostas a esse tipo de violência apresentam maior probabilidade de sofrer de baixa autoestima, problemas para dormir, transtorno de estresse pós-traumático (TEPT) e depressão.

Além disso, a violência doméstica também afeta negativamente as crianças e os adolescentes que vivem em ambientes violentos. Eles podem apresentar agressividade, depressão, isolamento, dificuldades de aprendizado, déficit cognitivo e transtornos mentais.

É comum ouvir frases como "Em briga de marido e mulher, não se mete a colher", "Ela 'pediu' para ser agredida", "Se ela não gostasse, já teria abandonado o relacionamento" e "Se a mulher abandonasse o agressor, a situação de violência acabaria". Essas afirmações são equivocadas e só servem para perpetuar a violência. As razões que fazem com que as mulheres se mantenham em um relacionamento dessa natureza, em sua maioria, são: medo de represálias, dependência financeira, culpa pelos filhos, vergonha, esperança de mudança, dependência afetiva, isolamento social, chantagem emocional e ameaças.

Ter consciência do que significa a violência doméstica é fundamental para que a mulher saiba reconhecer se está inserida nesse tipo de relacionamento. Caso você, minha amiga, esteja passando por isso, o essencial é denunciar e garantir sua segurança física o mais rápido possível. Para isso, vá até uma delegacia da mulher e peça uma medida protetiva. A legislação atual prevê que a palavra da vítima é suficiente para que ela seja concedida. E, na maioria dos estados do Brasil já é possível que ela seja solicitada on-line.

A gente sabe que nada é capaz de compensar o que Ana passou, mas, segundo o entendimento dos tribunais, em situações envolvendo violência doméstica — seja física, psicológica, sexual ou patrimonial —, a mulher poderá ser indenizada por danos morais.

Ou seja, no caso de Ana, além de tudo o que era dela por direito devido ao regime da comunhão parcial de bens, ela deverá receber um valor a título de indenização. Lembrando que esse valor poderá ser descontado da metade dele dos bens.

CAPÍTULO 4

Guarda e pensão dos filhos

No capítulo anterior, expliquei direitinho para vocês como fica a questão da partilha de bens em caso de divórcio e mostrei alguns exemplos de pessoas que têm filhos e passaram por isso. Então, chegou a hora de falar especificamente sobre a parte que mais dá problema na hora da separação: o regime de guarda e convivência, além da pensão alimentícia dos filhos.

Um dos termos que mais causam confusão hoje em dia é a tal da guarda compartilhada, que é a regra quando o casal não está mais junto. Naturalmente, o uso vem crescendo ao longo do tempo — de 2014, quando ela foi estabelecida como o tipo de guarda ideal, até 2020, sua adoção era de 7,5%. Já em 2021, chegou a 34,5%, ou seja, mais de um terço dos pais separados opta por compartilhar a guarda. Por outro lado, ainda eram 54,2% de guardas unilaterais para a mãe e 3,6% para o pai.[28] Olha só o que diz a Lei nº 13.058/14, que explica o que é esse tipo de guarda:

> Quando não houver acordo entre a mãe e o pai quanto à guarda do filho, encontrando-se ambos os genitores aptos a exercer o poder familiar, será aplicada a guarda compartilhada, salvo se um dos genitores declarar ao magistrado que não deseja a guarda do menor.[29]

No entanto, a Lei nº 14.713/2023 trouxe um impedimento à guarda compartilhada em casos de violência doméstica, com o intuito de preservar a mulher de seu agressor. Em muitos casos, quando um relacionamento abusivo acaba, é bem comum o genitor instrumentalizar os filhos para continuar atingindo sua ex-companheira. Então, se esse for o seu caso, você pode e deve pedir a revisão da guarda para unilateral.

---

28. IBGE. Pesquisa Estatísticas do Registro Civil – 2021. *Agência de Notícias – IBGE*, 14 fev. 2023. Disponível em: https://tinyurl.com/y9yxfjez. Acesso em: 30 mar. 2024.

29. BRASIL. Presidência da República. Lei nº 13.058, de 22 de dezembro de 2014. *Jusbrasil*, [s.d.]. Disponível em: https://www.jusbrasil.com.br/legislacao/159374255/lei-13058-14. Acesso em: 17 set. 2023.

Diferença entre guarda e regime de convivência

Com base tanto nos meus atendimentos quanto nos relatos das minhas seguidoras nas redes sociais, percebo que há uma concepção bastante equivocada em relação à guarda compartilhada, o que faz com que ela seja temida por muitas mulheres. A verdade é que as pessoas confundem a guarda — que, segundo o Código Civil, são duas: compartilhada e unilateral — com o regime de convivência, que é o tempo que aquele genitor que não mora com a criança passará com ela.

Diferentemente do que você já deve ter ouvido falar, na guarda compartilhada o filho não fica metade do tempo com cada genitor. A criança terá apenas um lar de referência, que é onde ela vai morar. Não existe essa história de divisão igualitária do tempo do filho entre os pais. E, como na maioria dos casos a mãe é a principal responsável pela rotina dos filhos, eles geralmente permanecem morando com ela. O outro genitor, que não reside com o filho, será obrigado a pagar uma pensão e terá direito de conviver com ele. Quando essa convivência é decidida pelo juiz, normalmente ficam estabelecidos fins de semana alternados com a criança, com direito a pernoitar um dia durante a semana, dependendo do caso. Essa é a regra nos casos de disputa judicial, ou seja, quando o processo é litigioso.

Agora, se os pais entrarem em acordo e resolverem de forma consensual, é possível estabelecer a guarda e a convivência da maneira que acharem melhor. Embora a ideia de os filhos passarem uma semana com cada genitor seja o terror da maioria das mães, nos casos em que isso foi estabelecido de comum acordo aqui no escritório, tem funcionado muito bem. Claro que isso exige uma convivência saudável entre os pais, o que nem sempre é possível.

Vale lembrar que essa convivência "alternada" (que é erroneamente chamada de guarda alternada) é bem controversa no Judiciário. Alguns estudiosos entendem que não é benéfico para a criança não ter residência fixa, enquanto outros defendem que é, sim, possível existir vínculo com dois lares diferentes. No entanto, se ficar a critério do juiz, ela não será adotada. Existe também a convivência nidal. Nesse regime, a criança fica sempre na mesma casa, e quem alterna a residência são os pais. Nada prático, né?

Como já deu para ver, algo muito importante de você entender é que regime de convivência independe do tipo de guarda. Há quem tenha guarda compartilhada e veja o filho só de quinze em quinze dias, por exemplo. Regime de convivência é exatamente o que o nome diz: a forma como aquele genitor que não mora com o filho vai conviver com ele.

Se vocês chegarem ao juiz e anunciarem, juntos, que desejam que cada um passe uma semana com o filho, ele vai homologar sem problema nenhum. Quando não há concordância é que ele analisa todos os fatores e toma uma decisão, que deve ser seguida. Essa decisão vai levar em consideração quem já participa mais ativamente da vida do filho, que, como sabemos, quase sempre é a mãe.

Por isso, se ele te ameaçar dizendo que é ele quem vai morar com as crianças, a não ser que seu ex já faça o "papel da mãe", nem esquente a cabeça porque não vai.

A convivência entre os pais separados e os filhos vem mudando ao longo dos anos, no entanto, ainda hoje, o que eu vejo na prática é que os homens acabam vendo as crianças, no máximo, em fins de semana alternados, e, muitas vezes, de forma improvisada, sem ter um cantinho na casa deles com as coisinhas da criança, levando-a a não se sentir pertencente àquele local.

Mas o que vamos ver já, já, nas histórias de algumas mulheres — e que a gente está cansada de ver na vida real —, é que muitas vezes o pai simplesmente não cumpre esse regime. Pega o filho quando quer, fica meses sem ver e causa sofrimento emocional na criança. Por essa razão, apesar de não ser tão comum, já existem na jurisprudência casos em que se estabelece uma multa para o genitor que descumpre o acordo de convivência.[30]

Eu acho que pedir essa multa pode, sim, valer a pena, e costuma dar certo como uma espécie de empurrãozinho para ele levar o compromisso a sério. (Não deveria precisar, mas a gente sabe que é necessário e que muitos genitores não priorizam o filho.) Eu só recomendo isso, porém, quando você conhece bem o genitor e ele já tinha uma convivência boa com a criança, um

---

30. DIREITO das Famílias e Sucessões ABARJ. Fixação de multa diária por descumprimento de visitação. *Jusbrasil*, 2020. Disponível em: https://www.jusbrasil.com.br/artigos/fixacao-de-multa-diaria-por--descumprimento-de-visitacao/1134016828. Acesso em: 17 set. 2023.

vínculo mesmo. Do contrário, imagine que o pai não seja uma pessoa bacana nem de boa índole e, justamente por isso, abandonou a convivência com o filho. Para evitar ter que pagar multa, ele vai acabar indo buscar a criança, mas pode largá-la com pessoas que você nem conhece — ou, pior, maltratá-la, coisa que já vi acontecer. Nesses casos, em vez de melhorar a vida daquela filha ou daquele filho, acaba-se por deixar a criança vulnerável, algo que precisamos evitar sempre.

E a pensão?

O que eu mais vejo no dia a dia é ex-marido ameaçando a mulher dizendo que, com a guarda compartilhada, não vai precisar pagar pensão. E isso não é verdade. Como dito anteriormente, aquele genitor que não mora com a criança precisa, sim, pagar pensão. Também não existe essa história de dividir os gastos da criança 50-50. O que define quem paga mais pelas necessidades do filho são os rendimentos individuais: quem ganha mais contribui com mais. E, se a mulher mora com os filhos, eu ainda faço questão de colocar na conta o capital invisível, ou seja, o esforço de cuidar, de não priorizar a carreira tanto quanto o homem e tudo o que já abordamos aqui.

E, aí, uma das maiores dúvidas que eu recebo é: de quanto é a pensão? A resposta: depende sempre da necessidade e da capacidade financeira. O que vemos ser aplicado como teto, ou seja, o máximo que o genitor paga, é 33%

dos rendimentos — mas também é comum ver menos que isso, até 10%, por exemplo, quando há muitos filhos. Ah, e estamos falando aqui de absolutamente todos os rendimentos: salário, investimentos, recebimento de aluguéis...

Em regra, o valor dos alimentos não pode ser muito diferente entre os irmãos, independentemente de serem filhos ou não da mesma mãe. Só que se você comprovar, por exemplo, que seu filho tem uma necessidade especial que demanda mais recursos, pode, sim, conseguir um valor maior.

Anote este conselho: acordo verbal não vale, não vai servir para nada! Se vocês não homologarem isso em juízo, com advogado, e o pai deixar de pagar, de cumprir o combinado, você não vai ter o que fazer. Quer dizer, vai, sim, só que será trabalhoso: você precisará juntar os comprovantes do que ele pagava das despesas do seu filho e entrar com uma ação de alimentos. Com provas de que o pai tem condições financeiras de pagar, o juiz vai, muito provavelmente, fixar aquele mesmo valor combinado no acordo verbal entre vocês. Então, não caia naquela ameaça comum de que, se colocar na Justiça, a pensão vai diminuir. Busque seus direitos!

E, por fim, saiba que é possível rever o valor da pensão sempre que houver motivo para isso, tanto para cima (caso você perceba que ele teve aumento e o estilo de vida dele mudou para um patamar mais elevado — sinal externo é sempre muito importante para argumentar ao juiz) quanto para baixo (no caso, por exemplo, de o pai ter alguma quebra brusca de rendimentos e comprovar isso).

O pai que não paga nada

Natália e Thiago se conheceram no fim da adolescência, eram vizinhos no bairro em que moravam. Tinham a mesma turma da escola, viviam saindo em grupo e fazendo coisas ali pela rua. Na época, não tinham interesse romântico e nada aconteceu entre eles. Ela fez faculdade, se formou em psicologia, foi trabalhar com RH em uma empresa grande e mudou de bairro.

Tempos depois, aos 27 anos, Natália reencontrou Thiago num bar, e, conversando, os dois perceberam que tinham muito em comum, então começaram a sair. A vida de Thiago era estável. Apesar de não ter feito faculdade, trabalhava no setor administrativo de uma empresa pequena, meio familiar. O namoro foi ótimo: eles saíam bastante, tinham uma vida agitada de casal e, aos 30 anos, decidiram que era hora de casar.

Em casa, Natália acabava sempre pagando um pouco mais das contas, porque seu salário era maior. Era algo que a incomodava, mas ela amava Thiago. O rapaz também não era muito comprometido com as tarefas domésticas, algo que Natália chegou a comentar com a sogra, que sempre defendia o filho, dizendo que ele já trabalhava muito, coitado, e não era justo ainda ter que fazer tarefas em casa. A sogra parecia ignorar que Natália também trabalhava fora e que a carga horária dela no trabalho era maior que a do marido.

Aos 33 anos, Natália engravidou e teve um menino. Thiago ficou superfeliz, mas, quando o bebê nasceu, dizia que não tinha jeito com crianças, então não cuidava nem brincava com o filho. Natália se chateava bastante, queria muito que o filho desenvolvesse um laço forte com o pai, mas também sentia que não dava para obrigar Thiago a isso.

O casamento seguiu por mais sete anos, mas as atitudes de Thiago fizeram a relação esfriar. Natália achava que merecia uma vida melhor, um marido mais envolvido e que o amor estava acabando aos poucos. Thiago continuava, mais de dez anos depois, no mesmo emprego, sem promoção, sem nada. Natália sentia falta de dividir a vida com alguém que fosse mais ambicioso, como ela, que, a esse ponto, já era coordenadora em uma empresa multinacional.

Até que, aos 40 anos, depois de alguns anos fazendo terapia e passando por processos de autoconhecimento, ela decidiu se separar. Sentia que tinha uma vida estável e poderia se reconstruir, ser mais feliz. Pensou até que, tendo alguns dias sem precisar cuidar do filho quando ele estivesse na casa do pai, conseguiria sair, conhecer gente nova, quem sabe até engatar um namoro. Natália comunicou a decisão a Thiago, que ficou revoltado: ele não via problema nenhum no casamento, por que agora aquela ideia de se separar?

Mas Natália estava irredutível: contratou uma advogada, colocou no papel todos os acordos e entregou para ele assinar. Os dois conversaram e, com muita relutância dele, chegaram a um acordo de guarda compartilhada, em que o menino moraria na casa da Natália e Thiago pagaria pensão no valor de 30% do salário, já descontada na folha de pagamento. A cada quinze dias o pai pegaria o filho às 10 horas da manhã, para passar a noite de sábado na casa dele, e o levaria de volta às 17 horas no domingo. Não era bem o que Natália queria — ela continuaria tendo toda a responsabilidade do dia a dia —, mas acabou concordando. Era um jeito de a criança manter-se em contato com o pai, pelo menos. Eles brigaram muito nesse processo, e Thiago chegou a dizer a Natália que ela não tinha nada que ter noite livre pra ficar saindo com outros homens. Mesmo separados, ele continuava querendo controlá-la, saber onde ela estava, mandando mensagem toda noite.

No primeiro ano, Thiago realmente pegava o filho (um ou outro fim de semana acabava desmarcando, alegando outros compromissos), e a pensão caía direitinho na conta da Natália (apesar de não dar para muita coisa, já que o menino estudava em escola particular e o salário de Thiago não era nada de mais). Só que, a partir do segundo ano, começou a ratear: ele buscava o filho no máximo uma vez por mês, desmarcava em cima da hora, o que deixava a criança bem chateada. Mas pelo menos, como a pensão era descontada direto do salário, o valor continuou vindo. Só que ele sempre reclamava, dizendo que não era possível que, só de comida, o menino gastasse tudo aquilo — afinal, a gente chama de "pensão alimentícia", né? E não adiantava nada Natália explicar sobre todos os outros gastos. Thiago exigia saber onde Natália estava gastando, acusava-a de estar usando o dinheiro consigo mesma. Começou a dizer também que, se dois dias por mês estava ficando com o filho em casa, tinha que descontar aquilo da pensão — e falou que estava contratando um advogado para rever o valor por causa disso.

No terceiro ano, porém, Thiago pediu demissão e falou que não ia mais pagar nada. Disse que, desempregado, não era obrigado a isso. Ela procurou de novo a advogada e fez uma listagem atualizada de todos os gastos do filho, notificando o valor que Thiago tinha, segundo o acordo deles, que pagar. Mas ele continuava alegando que não tinha renda, o que ela achava bem estranho porque via, por redes sociais de amigos em comum, que ele continuava saindo e até tinha começado a viajar. Como era possível?

Como Natália tinha uma boa renda, ela acabou, por uns anos, deixando de lado — afinal, só queria se afastar de Thiago. Quando o filho estava com 12 anos, ela teve a oportunidade de levá-lo para a Disney, em uma ação da empresa para recompensar os melhores funcionários. Tanto ela quanto a criança ficaram superfelizes! Só que Thiago se recusou a assinar a autorização, disse que ninguém tinha direito de ir a lugar nenhum sem ele. Natália e o filho perderam a viagem e ficaram chateadíssimos — mas, depois, a tristeza dela virou revolta, e Natália decidiu que iria atrás dos seus direitos. E não é que, com ajuda da advogada, ela descobriu que durante todo esse tempo ele tinha continuado na mesma empresa, só que havia feito um acordo com o dono para receber por fora, de modo que não declarasse nada, para não ter a pensão descontada em folha?

Essa história da Natália é revoltante, né? Mas, infelizmente, eu vejo isso o tempo todo. O que o Thiago fez, de começar a receber tudo por fora, não é nada: eu já testemunhei homem pedindo demissão para evitar o pagamento de pensão; já vi médicos alegando que não recebiam nada. A boa notícia é que sempre tem jeito de desmascarar a mentira, acionando as fontes pagadoras e até mesmo quebrando o sigilo bancário, se for necessário.

Aqui, vamos ter que desmentir todas as bobagens que Thiago falou para Natália. Primeiro: pensão, gente, não é só comida, não é só para alimentos. E também não é só escola, nem só transporte, nada do que os genitores costumam alegar. É por isso que a primeira medida é fazer um cálculo de todos os gastos da criança: plano de saúde, escola, vestuário, alimentação, lazer, presente de amiguinho, atividades extracurriculares, material escolar, uniforme, babá, se houver...

Se, quando vocês eram casados, viajavam de férias uma vez por ano, por exemplo, ou se o pai viaja, coloque também na conta. Ponha um valor total e divida por doze. Eu não gosto de deixar nenhum gasto extra, como uniforme e material escolar, para ser dividido depois, porque aí, muitas vezes, você acaba conseguindo as coisas só na base da humilhação, implorando para o genitor.

Amiga, lembre-se: o processo é sobre provas, ganha que tiver mais, então, não economize nos comprovantes. E aqui vai uma dica: se você procurar um advogado para entrar com a ação de alimentos e ele não te pedir muitas, mas muitas provas, troque de advogado. Esta tabela, que uso com todas as minhas clientes, pode te ajudar bastante:

TABELA DE DESPESAS PARA A AÇÃO DE ALIMENTOS

Caso você não tenha os comprovantes dos pagamentos, apresente os comprovantes das despesas, como os boletos, por exemplo.
O processo depende de provas, portanto, quanto mais comprovantes, melhor!

DESPESAS COM SAÚDE	VALOR
Convênio médico	R$
Consultas particulares	R$
Psicólogo	R$
Dentista	R$
Farmácia	R$

Outros (óculos, órteses, aparelho, lentes de contato etc.)	R$
DESPESAS COM EDUCAÇÃO	
Mensalidade escolar	R$
Rematrícula — dividir o valor total por 12	R$
Material escolar e livros paradidáticos — dividir o valor total por 12	R$
Uniforme escolar — dividir o valor total por 12	R$
Atividades extracurriculares (reforço, balé, esporte, idiomas etc.)	R$
DESPESAS COM ALIMENTAÇÃO	
Supermercado — dividir o valor total pelo número de moradores da casa para obter o valor correspondente aos filhos	R$
Restaurante — dividir o valor total pelo número de moradores da casa para obter o valor correspondente aos filhos	R$
Lanche escolar	R$
DESPESAS COM LAZER	
Lazer, cultura, passeios, parques, cinema etc.	R$
Celular	R$
Festa de aniversário — dividir o valor total por 12	R$
Presentes (Natal, aniversário, Dia das Crianças, Páscoa etc.) — fazer uma estimativa anual e dividir por 12	R$

Presentes para amiguinhos — fazer uma estimativa anual e dividir por 12	R$
Viagens de férias — dividir o valor total por 12	R$
DESPESAS COM VESTUÁRIO	
Roupas	R$
Calçados	R$
Acessórios	R$
DESPESAS COM MORADIA Dividir o valor total mensal pela quantidade de moradores da casa para obter o valor correspondente aos filhos	
Água	R$
Luz	R$
Gás	R$
Telefone/internet	R$
Aluguel	R$
Condomínio	R$
IPTU	R$
Diarista, doméstica, babá, motorista (salário + encargos)	R$
Enxoval e manutenção da casa	R$
DESPESAS COM TRANSPORTE	
Transporte escolar	R$
Combustível — dividir o valor total mensal pela quantidade de moradores da casa para extrair o valor dos filhos	R$

IPVA e seguro — dividir o valor total mensal pela quantidade de moradores da casa para obter o valor correspondente aos filhos	R$
Manutenção do carro — dividir o valor total mensal pela quantidade de moradores da casa para obter o valor correspondente aos filhos	R$
Transporte público ou privado (aplicativos)	R$
DESPESAS COM PETS	
Alimentação, banho, veterinário	R$
OUTROS	
	R$
TOTAL	**R$**

Lá no começo, a advogada da Natália fez certinho a parte mais importante, que você também deve fazer: pedir ao juiz que a pensão seja descontada na folha de pagamento, quando a pessoa for CLT. E não se esqueça de pedir também que esse desconto aconteça sobre todos os rendimentos brutos, incluindo décimo terceiro e participação nos lucros, bônus e rescisão. É importante pedir a rescisão porque, justamente, se o pai fica desempregado (de verdade, não como Thiago), a porcentagem da pensão é descontada do valor total da rescisão, de modo que você ganha um fôlego. Se o pai da criança é autônomo, mas vocês viviam juntos antes, fica fácil comprovar mais ou menos quanto ele ganha com base nas contas que já pagava na casa de vocês. Agora, no caso de ter sido um relacionamento rápido e você não conhecer bem a vida dele, fique atenta aos sinais externos, pois eles sempre são importantes no argumento: se ele viaja, vai a restaurantes, festas, mora num lugar legal, tudo isso será analisado pelo juiz, que levará esses fatos em conta.

E, olha, não precisa ter dó se ele disser que está desempregado: isso não tira a obrigação de pagar, não — ele vai ter que se virar para criar o filho, assim como sabemos que a maioria das mães faz e como ele faria se ainda estivesse no convívio diário com a criança e perdesse o emprego. Pode colocar esse princeso para trabalhar, amiga, porque cuidar sozinha das crianças afetiva e financeiramente não é nada fácil! Existe um projeto de lei em tramitação na Câmara, o PL 420/22, que prevê que o valor da pensão nunca seja menos de 30% do salário mínimo (que hoje, em 2024, dá um valor de R$ 423,60),[31] e já é quase regra os juízes estabelecerem exatamente esse valor para desempregados também.[32]

Outra situação bastante comum é o pai fazer como Thiago: ameaçar descontar um valor que, segundo ele, é referente ao tempo que a criança passa com ele. Já fique sabendo que absolutamente nada pode ser descontado do

---

31. BRASIL. Câmara dos Deputados. Projeto de Lei nº 420/2022. Estabelece o piso remuneratório para pagamento de pensão alimentícia. *Câmara dos Deputados*, [s.d.]. Disponível em: https://www.camara.leg.br/propostas-legislativas/2316650. Acesso em: 18 set. 2023.

32. ARAUJO, Adriano Alves. Fiquei desempregado, o que faço com a pensão? *Jusbrasil*, [s.d.]. Disponível em: https://tinyurl.com/yc2wuyxs. Acesso em: 20 jan. 2024.

valor da pensão: nem presente, nem remédio, nem comida que ele tenha comprado. Qualquer desconto deve ser exigido judicialmente. Vejo muitas mães concordando, por exemplo, em só receber metade do valor da pensão quando, nas férias, o pai fica quinze dias direto com o filho. Está errado, e você não deve aceitar!

Para se ter uma ideia de quantos pais acham que podem fazer o que quiserem em relação ao pagamento de pensão, em 2018 havia mais de 100 mil processos de cobrança de pensão alimentícia em tramitação.[33] E a gente sabe que vira e mexe tem até famoso sendo preso ou processado por causa disso!

É um mito a história de que, para executar judicialmente, é necessário haver três parcelas em atraso. Com só um dia você já pode entrar na Justiça, e aí haverá duas opções para receber o valor devido: o rito da prisão e o da expropriação de bens — nesse segundo, a Justiça vai procurar bens e dinheiro em conta para tentar fazer a cobrança. Eu sempre digo que o primeiro é mais eficiente, mas também entendo que nem todo mundo queira recorrer direto a ele. Mesmo assim, só em São Paulo, em 2022, houve quase 12 mil prisões por dívida de

---

33. PAINS, Clarissa; FERREIRA, Paula. Ao menos cem mil processos de cobrança de pensão alimentícia tramitam hoje no país. *O Globo*, 25 mar. 2018. Disponível em: https://oglobo.globo.com/brasil/ao-menos--cem-mil-processos-de-cobranca-de-pensao-alimenticia-tramitam--hoje-no-pais-22522436. Acesso em: 18 set. 2023.

Guarda e pensão dos filhos

pensão, apenas de janeiro a junho.[34] Em 2017, no Brasil todo, foram 65 prisões por dia.[35]

No caso da prisão, o advogado entra com uma ação de execução contra o pai, e o oficial de justiça vai procurá-lo (justamente por isso, muitos pais que estão em dívida acabam fugindo e se escondendo). Aí há um prazo de três dias para pagar ou se justificar de alguma forma — e o juiz quase nunca aceita as justificativas esfarrapadas que eles dão. Se o pai alegar desemprego, por exemplo, será obrigado a pagar do mesmo jeito. Nesse caso, ele teria que entrar com uma ação revisional de alimentos, comprovando a situação e pedindo a diminuição do valor.

Se, mesmo depois de o juiz determinar o pagamento, ele não pagar, aí sim o pai poderá ser preso, por um tempo máximo de três meses. Ao sair em liberdade, ele continua devendo aquele valor, que pode então ser cobrado pelo sistema de expropriação de bens, que nada mais é do que a busca de bens para o pagamento da dívida. Ah, hoje em dia

---

34. JORNAL Hoje. Aumenta o número de prisões por dívida de pensão; SP, RJ e MG já têm mais presos neste ano do que em todo 2021. *G1*, 30 jul. 2022. Disponível em: https://g1.globo.com/jornal-hoje/noticia/2022/07/30/aumenta-o-numero-de-prisoes-por-dividas-de-pensao-sp-rj-e-mg-ja-tem-mais-presos-neste-ano-do-que-em-todo-2021.ghtml. Acesso em: 18 set. 2023.

35. CAVICCHIOLI, Giorgia. Quase 65 pais são presos por dia por deixar de pagar pensão alimentícia. *R7*, 13 dez. 2017. Disponível em: https://tinyurl.com/3dnu7yhu. Acesso em: 18 set. 2023.

é possível, inclusive, entrar com o pedido de expropriação e prisão ao mesmo tempo. Se, de fato, não existir absolutamente nada no nome do pai, nenhum dinheiro nem condição de pagar, é possível solicitar o pagamento aos avós. Vale destacar que a obrigação dos avós de prestar alimentos é subsidiária e complementar. Ou seja, ocorrerá quando houver a impossibilidade comprovada do genitor ou quando o valor pago por ele for insuficiente.

Na minha experiência, se Natália entrar com esse pedido de prisão, Thiago vai aparecer quase milagrosamente com o dinheiro para pagar a pensão.

Agora, por fim, em relação a Thiago não ter dado a autorização para o filho viajar para o exterior, isso, de fato, pode acontecer, independentemente do tipo de guarda. Se o filho não tiver o passaporte que autoriza viajar desacompanhado de um dos pais, deverá haver a autorização por escrito da outra parte, um procedimento que tem como objetivo evitar casos de sequestro. Só que, infelizmente, vejo muitos pais usando isso para punir a mãe, sem nem levar em consideração o que seria melhor para a criança. O que a Natália, infelizmente, não sabia é que, nessa situação, é possível entrar com um pedido judicial, para suprimir o consentimento do genitor. Ficando demonstrado que a viagem é para atender ao melhor interesse da criança, o juiz concede a autorização facilmente. E os homens tendem a abusar desse tipo de poder, em especial quando a mãe tem, por exemplo, uma oportunidade de mudar de cidade que será boa para ela: mesmo quando o pai mal vê o filho, ele tenta impedir só para atazanar. Como advogada, preciso recomendar sempre que você busque um entendimento mútuo com esse pai e, no caso de realmente não conseguir, entre com uma ação judicial para, só depois da autorização do juiz, fazer a mudança. Mas, como mãe, eu sei que esse processo é sofrido, especialmente quando estamos pensando em algo que vai melhorar nossa vida e, por consequência, a dos filhos. Por isso, se estivesse nessa situação, eu avisaria da mudança e iria mesmo, porém, consciente de que ele pode ingressar com uma ação de alienação parental por isso. A verdade, minha amiga, é que, em alguns casos, esses princesos só querem mesmo ameaçar e dificilmente se dão ao trabalho de entrar com uma ação depois de o fato já estar concretizado. Mas preciso alertar você do risco.

Mantendo o padrão de vida dos filhos

■ ■ ■

Nicole e Serginho da Sanfona se conheceram no camarote de uma festa na qual ele estava tocando. Ele era um músico muito famoso e, naquele ano, tinha emplacado o hit do verão. Nicole tinha vindo do interior havia pouco tempo, era Miss Primavera na cidade dela e se mudara para a capital na tentativa de ascender na carreira de modelo.

Eles começaram a namorar, e em pouco tempo Nicole ficou conhecida como a primeira-dama da sanfona. Ela aparecia nas colunas sociais, nas páginas de fofoca, acompanhava Serginho em várias aparições na TV. Aos poucos, foi ganhando maior visibilidade, seguidores nas redes sociais e alguns trabalhos com publicidade aqui e ali, mas, claro, sem nunca alcançar o faturamento de Serginho — que fazia shows enormes, além de ganhar muito com anúncios para televisão e com direitos autorais. Nicole estava superfeliz: ela gostava da exposição e da nova carreira, mas, principalmente, estava encantada por Serginho, que era supercarismático.

Quando completaram dois anos de namoro, eles se casaram, pela separação de bens, em uma festa milionária, no hotel mais caro do país, com a presença de muitos ricos, famosos e da imprensa. Alguns meses depois do casamento, Nicole engravidou de gêmeos, dando à luz Lucca e Bella. Com o nascimento dos bebês, Nicole deixou de acompanhar Serginho nas turnês, e a carreira dela desacelerou um pouco, então, ele acabou se tornando responsável por todas as despesas, incluindo a mansão do casal e as babás das crianças.

Nas redes e nas colunas sociais, eles eram o casal perfeito e apaixonado. Lindos, ricos e cheios de fãs. Serginho vivia postando fotos dos filhos e declarações de amor para Nicole, parecendo o pai e marido perfeito, dedicado e presente. Só que, na intimidade, ele não fazia muito esforço para conciliar vida pessoal e profissional. As viagens eram mais frequentes do que nunca, e, se Nicole via o marido um fim de semana por mês, era muito. No começo ela até tentou se consolar pensando que era normal, que ele precisava se dedicar à carreira, mas, ao longo do tempo, foi se sentindo cada vez mais só.

Quando os gêmeos completaram 5 anos, o relacionamento estava muito desgastado. Sempre apareciam boatos de traições de Serginho na imprensa, ele viajava o tempo todo e ela acabava sozinha com as crianças, sem uma vida familiar de verdade para ela e os filhos.

Nessa época, Nicole estava cansada e deprimida. Ela se sentia solitária, sem seu companheiro e sem apoio da família, que ainda morava no interior. A gota d'água foi quando, depois de ter engravidado novamente — uma gravidez não planejada —, ela sofreu um aborto espontâneo e Serginho não voltou para ficar com ela no hospital. Mandou uma mensagem dizendo que não era nada de mais, que ela estava fazendo drama e podia se cuidar sozinha. Foi aí que Nicole resolveu pedir o divórcio. Serginho nem relutou, afirmou que já queria mesmo se separar, e ela postou um texto de desabafo no Instagram, anunciando a separação.

O divórcio ganhou destaque em todas as páginas de fofoca, programas vespertinos e nas redes sociais, e cada passo da família era motivo para mais exposição. Fotos de Nicole chorando ao deixar as crianças na escola, de Serginho abraçando outras mulheres no camarim, tudo virava um espetáculo triste.

Nos bastidores, os advogados e o ex-casal tentavam fazer o divórcio de forma consensual. O maior ponto de discórdia era a pensão das crianças. Nicole propôs um acordo amigável por diversas vezes, pedindo uma pensão de R$ 70 mil para os gêmeos, assim ela poderia manter o padrão de vida das crianças — incluindo o aluguel de um apartamento espaçoso, mas, claro, bem menor do que a mansão em que viviam. Serginho não aceitou a proposta dela, apesar de aquilo realmente equivaler ao custo atual das crianças, que estudavam em escola internacional, faziam muitas atividades extracurriculares, viajavam... Ele achava um disparate, ainda que, à época, tivesse um faturamento mensal de R$ 5 milhões, entre direitos autorais, publicidade e shows.

Acontece que essa discordância dos dois vazou na imprensa, e Nicole foi execrada nas redes sociais. Recebeu inúmeros comentários de ódio, sendo chamada de oportunista, interesseira. Diziam que ela queria viver no luxo com a pensão dos filhos, que criar uma criança não custa esse dinheiro todo.

Deprimida com a onda de ódio, ela trancou as redes. E, na impossibilidade de chegar a um acordo, eles acabaram iniciando uma briga judicial em que Nicole já entrou condenada pela opinião pública.

A história da Nicole é tão comum em tempos de redes sociais que aposto que você a achou parecida com alguma que já leu, né? Pois é. E, sempre que aparece um caso desses envolvendo alguém famoso, eu explico no meu Instagram: ao contrário do que a maioria das pessoas acha, o valor da pensão não tem um patamar máximo. É claro que, no caso de alguém com uma renda de R$ 5 milhões por mês, como Serginho, não vai desembolsar 30% de tudo o que ganha — mas vai, sim, pagar um valor alto e compatível com aquele padrão de vida.

Isso porque um dos objetivos principais da pensão alimentícia é garantir que a criança ou o adolescente não sofra, além dos impactos emocionais, com a diminuição do padrão de vida. É uma situação muito comum — uma pesquisa do Instituto Nacional de Estudos Demográficos da França, por exemplo, estimou que o nível de vida de filhos de pais separados que foram morar com a mãe caia, no ano imediatamente seguinte, 24%.[36] E o Judiciário quer atuar justamente para evitar isso. Então, se uma família tinha um estilo de vida milionário, com a criança fazendo tudo o que os filhos de Nicole e Serginho faziam, é claro que o valor da pensão vai ser altíssimo, gente! Imagine, por exemplo, que Serginho tenha outro filho que more com ele. Seria justo esse irmão ter um padrão de vida bem me-

---

36. FILHOS de pais separados têm mais chances de viver na pobreza, aponta estudo francês. *UOL*, 28 abr. 2023. Disponível em: https://noticias.uol.com.br/ultimas-noticias/rfi/2023/04/28/filhos-de-pais-separados-tem-mais-chances-de-viver-na-pobreza-aponta-estudo-na-franca.htm. Acesso em: 24 set. 2023.

lhor e um estilo muito mais luxuoso do que os gêmeos de Nicole? Pois é, não seria.

Um argumento bem comum é que, se a mãe pede um valor tão alto para incluir um apartamento maravilhoso e viagens, por exemplo, quer dizer que é *ela* quem está usufruindo da pensão alimentícia. E, bem, é claro que ela vai acabar, sim, se beneficiando — afinal, os filhos são dela e moram com ela. Além do mais, especialmente em caso de adolescentes, quando não existe a manutenção do estilo de vida, a mãe pode ser penalizada com os filhos se deslumbrando e pedindo para ir morar na casa do pai. E tudo isso por ela ter menos dinheiro.

Agora, talvez pelo receio da opinião pública, existe algo que a Nicole poderia ter feito, mas não fez. Por ser dependente financeiramente, ela teria direito a uma pensão temporária, para que pudesse se organizar e se reinserir no mercado de trabalho. Além disso, Nicole deveria lutar por uma compensação financeira diante do desequilíbrio econômico que ocorreu entre os dois com o fim do relacionamento. São os chamados alimentos compensatórios que mencionei na seção sobre separação de bens, lembra? Afinal, a dedicação da Nicole à família e todo o suporte que ela deu ao ex-marido contribuiu e muito para que ele pudesse trabalhar sem hora para voltar e ficar cada dia mais rico, né?

Guarda e pensão dos filhos

Alimentos *in natura*

Tatiana e Gustavo moraram juntos por dez anos. Dessa união nasceu Malu, agora com 9 anos.

Quando os dois se separaram, Malu ficou morando com a mãe, e Gustavo voltou para a casa dos pais. Lá ele teria menos despesas, não precisaria pagar aluguel e conseguiria tempo para ganhar um fôlego depois da separação.

Como a união estável deles não era formalizada e o relacionamento acabou de forma bastante civilizada, eles preferiram não entrar na Justiça; apenas venderam o apartamento onde moravam e dividiram o valor. Com a sua parte, Tatiana comprou um imóvel mais barato para viver com a filha. Já Gustavo queria curtir a vida depois da separação e gastava altas somas com viagens, baladas e roupas. Ele era funcionário de em uma multinacional e tinha ótimos rendimentos.

Em relação à Malu, como Gustavo ganhava bem mais que Tatiana, ele concordou em arcar com a parte maior das despesas. Combinaram verbalmente uma pensão equivalente a 30% do salário dele. Porém, Gustavo disse para Tatiana que, em vez de fazer o depósito em dinheiro, para ele seria melhor pagar diretamente a escola, o convênio médico, o curso de inglês e a natação. Tais despesas, segundo os cálculos que fizera, equivaleriam a esses 30%.

Na hora, Tatiana não gostou muito da ideia desses pagamentos diretos, mas decidiu aceitar. Afinal, ele estava sendo justo sobre os valores e ela também não queria colocar o pai de sua filha na Justiça. Ela tinha medo de que isso pudesse afetar o relacionamento dele com a menina.

Entrou dezembro, época de rematrícula da escola, e, chegando lá, a diretora informou que Malu não poderia ter a inscrição renovada porque era uma aluna inadimplente havia mais de oito meses. A diretora disse que já tinha feito diversos contatos e tentativas de negociação com o titular do contrato, Gustavo, mas fora ignorada todas as vezes. Ela se desculpou, disse que lamentava perder uma aluna tão boa como Malu, que gostava muito de Tatiana, mas que, com as despesas para manter a escola, não poderia mais tolerar inadimplência. Tatiana retrucou, disse que, com certeza, havia algum engano ou erro de processamento do banco, porque Malu estudava lá desde o maternal, e em todos esses anos as mensalidades tinham sido pagas regiamente. Terminou dizendo que esclareceria tudo com Gustavo e voltaria, em breve, com os comprovantes de pagamento para resolver o mal-entendido.

No mesmo dia, Tatiana aproveitou para ir até a escola de inglês para renovar a matrícula, porém, na secretaria, foi informada de que os formulários de Malu não estavam liberados porque ela estava em débito com a escola desde o começo do semestre. A atendente disse, inclusive, que já estava protestando o titular do contrato, porque todas as tentativas de negociação haviam sido infrutíferas.

Tatiana voltou para casa sem entender o que estava acontecendo. Ligou para Gustavo, mas só caía na caixa postal. Ela, então, fez contato com a mãe dele, dona Telma, que contou que o filho estava de férias com a nova namorada no Leste Europeu e o celular não estava funcionando. Tatiana decidiu esperar pela volta dele para esclarecer tudo e pedir os comprovantes de pagamento dos últimos meses.

Alguns dias depois, Malu adoeceu. Uma virose de criança, mas a febre estava muito alta e não cedia. Tatiana resolveu levá-la ao pronto-socorro. Lá, ao abrir a ficha de Malu, descobriu que o convênio havia sido suspenso por falta de pagamento já tinha meses, e a filha não poderia ser atendida. Com a criança passando mal, Tatiana não quis arriscar transportar a filha até um hospital público e aceitou que ela fosse atendida no regime particular, arcando com a despesa de R$ 2,5 mil entre consulta, exames e medicamentos.

Quando Gustavo voltou para o Brasil, no fim daquela semana, Tatiana foi até a casa da ex-sogra e o confrontou. Ele admitiu que não estava pagando as despesas da filha porque tinha gastado todo o dinheiro do apartamento em viagens e estava endividado. Que tinha feito alguns negócios ruins, mas que no próximo ano seria diferente.

> Tatiana não podia assumir sozinha todas as despesas de Malu e agora, como eles não tinham nada formalizado no papel, ela não sabia o que fazer.

O que você precisa saber é que, se os alimentos forem homologados em juízo, você não é obrigada a aceitar essa condição. A pessoa que mora com a criança, que é quem recebe a pensão, tem liberdade para gerir esses valores da forma que achar conveniente, claro, sempre respeitando o melhor interesse do menor. Você também não é obrigada a aceitar vale-refeição e vale-alimentação como forma de pagamento e muito menos tem que ficar comprovando todas as despesas para o pai da criança.

Embora, via de regra, eu não recomende, até é possível que pagamentos com escola, cursos, convênio, entre outros, sejam realizados diretamente pelo genitor, mas desde que tudo conste no acordo judicial. Só assim você poderá cobrar se ele deixar de pagar. Nesse caso, vale a pena sempre checar direitinho nos estabelecimentos se tudo está sendo quitado, para poder agir rapidamente se houver algum problema. Caso contrário, uma situação semelhante à de Tatiana vai acontecer. Você acabará ficando com todo o prejuízo desse período por ter um acordo somente verbal.

A partir de agora, Tatiana deve ingressar judicialmente com a regulamentação dos alimentos. Como prova, além de prints de redes sociais e tudo que demonstre o padrão de vida do princeso, ela deve juntar conversas

Guarda e pensão dos filhos

entre eles (é preciso lembrar de fazer a ata notarial) nas quais Gustavo se responsabilizou por arcar com esses compromisso. Se ele já tiver pagado alguma dessas atividades, é importante obter uma declaração do estabelecimento confirmando o pagamento.

E apenas lembrando que absolutamente nada pode ser descontado da pensão. Tudo o que o pai comprar, seja mercado, brinquedo, livro, roupas ou qualquer outra coisa, deve ser considerado um presente, algo a mais, que não afeta o valor que ele deve pagar mensalmente.

O filho sempre fica com a mãe?

Lúcio conheceu Carla no bairro em que eles moravam. Ele tinha 27 anos e ela, 22. Eles namoraram por algum tempo, sempre com idas e vindas porque Carla tinha um comportamento muito intempestivo e gostava de sair, beber e curtir, enquanto ele tinha um temperamento bem mais caseiro e sossegado.

Um dia, Carla engravidou. Lúcio sempre sonhou em ter um filho e ficou muito feliz. Carla, no entanto, nunca tivera o desejo de ser mãe. Mesmo assim, com a gravidez, eles foram morar juntos, porque Lúcio queria muito tentar construir uma família e dar um lar feliz e estável para a criança.

Quando nasceu Gabriela, Lúcio ficou louco pela filha. Fazia de tudo por ela e Carla. Porém, quando a bebê completou oito meses, Carla disse a Lúcio que estava indo embora e deixaria a filha para ele cuidar. Contou que tinha conhecido uma pessoa, que se apaixonara perdidamente e que, como o rapaz estava voltando para a cidade de origem, ia junto para viver com ele.

No dia seguinte, ela saiu de casa e mudou de estado. Lúcio, então, passou a cuidar de Gabriela dia e noite, colocou-a na creche e assumiu com muito zelo e amor todas as tarefas referentes ao cuidado e à educação da menina. Carla, enquanto isso, mal se manteve em contato para acompanhar a vida da filha. Ninguém sabia ao certo onde ela morava, nem a família dela, e Carla raramente ligava para Lúcio, dava notícias ou perguntava por Gabriela. Às vezes, enviava mensagem para dizer que estava passando por alguma dificuldade e pedia dinheiro para ele, com a promessa de que retornaria em breve para visitar a filha. Mas a promessa nunca era cumprida.

Com os anos, Gabriela cresceu e começou a perguntar pela mãe e a se sentir diferente na escola. Afinal, de todas as crianças, ela era a única que não tinha mãe próxima. Na verdade, não tinha nem memória da mãe. Em seus aniversários, sempre esperava pela ligação de Carla, mas, às vezes, levava meses até que a mãe fizesse contato.

Lúcio era um pai muito presente e dedicado. Comparecia a todas as reuniões de escola, a todas as apresentações de balé, levava a garota a todas as consultas ao médico. Fazia um cardápio semanal e garantia que a alimentação de Gabriela fosse balanceada e saudável. Todos os dias ele voltava do trabalho, pegava Gabriela na escola, servia o jantar e depois ajudava a menina com a lição de casa. Ele se sentia muito feliz com a paternidade, e Gabriela tinha uma rotina ótima.

A vida seguiu assim até que, quando Gabriela completou 8 anos, Lúcio foi surpreendido com uma intimação. Carla tinha entrado na Justiça para pedir a guarda unilateral de Gabriela. Imediatamente ele ligou para ela, procurando entender o que estava acontecendo. Carla respondeu que tinha voltado à cidade, estava mudada e arrependida, que o rapaz por quem ela havia deixado Lúcio e a filha a tinha traído e ido embora, e que agora ela se sentia muito sozinha. Segundo Carla, era hora de recuperar o tempo perdido com a filha.

Lúcio lutou muito para permanecer com a menina. Ele sabia da instabilidade e do egoísmo de Carla e queria evitar que ela magoasse Gabriela ainda mais, além de a mãe não poder oferecer à filha uma vida estável, confortável e satisfatória. Embora Carla tivesse voltado, estava desempregada e morava de favor na casa da mãe. Ela dizia que ia ganhar a guarda com certeza, porque a mãe sempre tem preferência. Segundo ela, Lúcio teria de pagar uma pensão, e assim ela poderia sustentar uma casa para ela e a filha.

Ao longo do processo, Lúcio reuniu provas de que era o pilar na vida de Gabriela, que era o cuidador dela. Mostrou as listas de presença nas reuniões de pais e responsáveis, os vídeos de todos os eventos escolares a que comparecera, as inúmeras fotos dos programas especiais que ele organizava para os dois todos os fins de semana. Lúcio apresentou cópia dos cardápios, dos registros médicos e das despesas, que incluíam um excelente convênio médico e uma escola tradicional. Ele também expôs as inúmeras mensagens trocadas com Carla ao longo dos anos, em que ele a cobrava pela falta de contato, de ligações e convivência.

Com tudo isso, ficou provado que Lúcio sempre cuidou muito bem de Gabriela e, apesar do juiz ter deferido a guarda compartilhada entre os dois, a menina continuaria morando com ele. Carla, em revanche, não demorou para se afastar novamente e repetir o padrão de comportamento que mostrara até ali: sumir sem deixar rastro e sem oferecer suporte emocional, de cuidado e financeiro para a filha.

Você, leitora, tem visto ao longo deste livro que, na atuação de uma advogada de família, a maioria dos casos exige que a mulher seja protegida, porque costuma sair de relacionamentos longos, muitas vezes, com enormes prejuízos. Mas também existem situações em que é preciso defender o direito do homem.

Isso porque o que Carla falou para Lúcio é um engano bastante comum. Muita gente acha que a guarda sempre é, preferencialmente, da mãe, mas a verdade é que, segundo a Lei nº 13.058/14, os dois genitores estão em pé de igualdade para isso. Então, por que a mãe quase sempre fica morando com os filhos? Porque, como já falamos, na maioria dos casos, ela já é a principal responsável pelo bem-estar deles!

Só que, num caso como este, quando o pai consegue comprovar que é ele que participa mais ativamente da vida da criança, possivelmente, a preferência será dele. Certamente, uma mãe na mesma situação que Carla poderá conviver com o filho e começar a reconstruir sua relação — afinal, apesar do abandono afetivo, a criança não foi colocada em risco. (Vale dizer que, se quisesse, Lúcio poderia ter entrado com uma ação de indenização por abandono afetivo, porque, segundo o Estatuto da Criança e do Adolescente, o cuidado é uma obrigação legal. Por isso, quando um pai negligencia seu filho, ele está deixando de cumprir a lei. E tem mais, o fato de o genitor pagar a pensão em dia não o exime de uma condenação nesse sentido, pois o sustento é apenas uma das obrigações atribuídas à paternidade.[37])

---

37. ACS. Abandono afetivo. *Tribunal de Justiça do Distrito Federal e dos Territórios*, [s.d.]. Disponível em: https://tinyurl.com/379s64c7. Acesso em: 24 set. 2023.

O que poderia afastar a mãe ou o pai da criança?

Apesar de a lista a seguir não ser definitiva, apenas exemplificativa (pode haver outros comportamentos), estas são situações de alerta máximo que, judicialmente, podem levar um filho ou uma filha a ser afastado de um dos genitores:

- ≫ Violência física.
- ≫ Abuso psicológico.
- ≫ Opressão.
- ≫ Negligência em relação à saúde ou aos estudos.
- ≫ Exposição a situações de risco (participar de atividades perigosas, levar a locais inadequados, como bares com pessoas bêbadas).
- ≫ Alienação parental (vamos falar disso logo a seguir!).

Atualmente, o que mais vejo em termos de ação para inverter a residência de uma criança, ou seja, colocá-la para morar com o pai e não com a mãe, é acusação de alienação parental — que se define, na lei, como:

> A interferência na formação psicológica da criança ou do adolescente promovida ou induzida por um dos genitores, pelos avós ou pelos que tenham a criança ou adolescente sob a sua autoridade, guarda ou vigilância para que repudie

> genitor ou que cause prejuízo ao estabelecimento ou à manutenção de vínculos com este.[38]

A lei define alguns exemplos de atos de alienação parental, mas isso é exemplificativo, ou seja, pode haver outros: impedir a convivência, omitir informações pessoais sobre a criança (como estudantis ou médicas), realizar campanha de desqualificação do outro (ou seja, falar mal do outro genitor na frente da criança). Para ser entendido mesmo como alienação, tudo isso tem que ser feito de forma reiterada e com o intuito declarado de afastar um dos pais do filho ou da filha. A ideia é evitar, como diz a citação, que um dos genitores (ou até os avós, por exemplo) interfira na "formação psicológica da criança e do adolescente [...] para que repudie o genitor ou que cause prejuízo ao estabelecimento ou à manutenção de vínculos com este".

No entanto, essa lei é duramente criticada desde sua criação por ter sido influenciada pelos estudos sobre a Síndrome da Alienação Parental (SAP), identificada pelo psiquiatra infantil norte-americano Dr. Richard A. Gardner, em 1985. Ele descreveu a SAP como um processo em que um dos pais, geralmente durante disputas de guarda, manipula a criança para rejeitar o outro pai sem justificativa razoável. Afirmou que essa alienação era uma forma de abuso emocional e poderia ter consequências psicológicas duradouras para a criança.

---

38. BRASIL. Presidência da República. Lei nº 12.318, de 26 de agosto de 2010. Disponível em: https://www.planalto.gov.br/ccivil_03/_ato2007-2010/2010/lei/l12318.htm. Acesso em: 20 jan. 2024.

Até aí, tudo bem, mas a parte repugnante da história é que ele dizia que algumas alegações de abuso sexual infantil poderiam ser fabricadas como parte da alienação, sugerindo que as respostas das crianças a esses abusos seriam exageradas. Sua opinião enfrentou críticas substanciais de colegas, advogados e organizações de defesa dos direitos das crianças, pois foi vista como uma tentativa de minimizar a seriedade dos relatos de abuso infantil. Por isso, existe um forte movimento entre as mulheres para que essa lei seja revogada.

E, infelizmente, conforme previsto, ela tem sido muito utilizada para calar as crianças; é comum que a mãe denuncie o genitor depois de a criança falar que sofreu nas mãos dele, e aí seja processado injustamente com base na lei da alienação parental. Uma verdadeira tragédia!

De qualquer forma, minha amiga, o meu conselho é que, independentemente da raiva que sinta do seu ex (afinal, as situações em que ele te coloca podem, muitas vezes, ser deploráveis), não fale mal dele perto das crianças — não para protegê-lo, mas para preservar o psicológico dos seus filhos! Como eu sempre digo, a criança é 50% de cada um, então, ao falarmos mal do pai, é como se, para ela, estivéssemos rejeitando metade de quem ela é.

A criança pode escolher?

...

Viviane e Marcos se conheceram no trabalho e tiveram um rápido namoro. Terminaram alguns meses depois, e Viviane descobriu que estava grávida. Dessa relação, nasceu Ana Clara.

Marcos reconheceu a paternidade. Ana Clara sempre morou com Viviane, e Marcos recebia a menina em casa para fins de semana e férias sempre que o trabalho dele permitia. Com o passar dos anos, ele trocou de emprego e assumiu uma posição comercial em uma empresa com presença em vários países, então estava sempre viajando para outras filiais.

Com a chegada da adolescência, a convivência entre Viviane e Ana Clara ficou mais difícil. Viviane gostava de rotina e casa regradas e exigia muito de Ana Clara nos estudos. A menina, claro, se queixava das regras, dos horários, dos cursos extracurriculares.

Em 2020, quando veio a pandemia, Ana Clara estava com 14 anos. No confinamento, a rebeldia da adolescente com a mãe se acirrou. Ela não queria acompanhar as aulas on-line, nem contribuir com as tarefas da casa. Viviane a repreendia, e cresceu em Ana Clara uma ideia que ela já alimentava desde o começo da adolescência: achava que a mãe era uma megera controladora e que o pai, sim, era legal. Antes da pandemia, quando estava na casa do pai, aos fins de semana, ele dava a ela toda a liberdade, não havia obrigações. Ela podia comer o que quisesse, voltar depois das 22 horas, podia passar o dia no computador, e ele nunca exigia ver lição de casa nem saber como andavam as notas dela.

Depois de oito meses de guerra em casa, Ana Clara pediu ao pai para ir morar com ele. Viviane acabou concordando, imaginando que podia ser uma chance de aproximar pai e filha e, ao mesmo tempo, melhorar a relação das duas. Além disso, ela também já estava desgastada, cansada de tantas brigas e achava que era hora de o pai também ser mais participativo, já que agora ele estava em regime de home office. Marcos aceitou, e Ana Clara se mudou para lá. Amigavelmente, eles combinaram que a pensão alimentícia seria invertida e Viviane passou a mandar dinheiro para ajudar a sustentar Ana Clara.

Marcos não controlava os horários, não checava se Ana Clara estava assistindo às aulas on-line, não acompanhava a vida da garota, e por isso a convivência dos dois era pacífica. Ele, que vivia sozinho havia muitos anos, gostou de ter companhia em casa naqueles dias de isolamento. Já Ana Clara encontrou a vida desregrada que tanto desejou. Afinal, era adolescente.

Poucos meses depois, com o relaxamento das medidas de isolamento, Marcos voltou a viajar e a visitar as filiais. Ana Clara passou a ficar sozinha em casa por dias, às vezes semanas a fio. Em pouco tempo, já não assistia a nenhuma das aulas, não cumpria nenhuma tarefa da casa ou da escola. Passava os dias em fóruns da internet e foi neles que descobriu festas clandestinas, que passou a frequentar quando o pai não estava em casa.

Nessas festas, os jovens bebiam descontroladamente e faziam uso de drogas. Ali, Ana Clara começou a beber e se drogar. Para ir às festas, ela usava o dinheiro que o pai deixava para que se mantivesse enquanto ele estivesse viajando.

Foi uma amiga de escola de Ana Clara que enviou mensagem para Viviane, por meio de uma rede social, alertando para o fato de que a adolescente não assistia mais às aulas, havia brigado com boa parte da turma e estava fazendo postagens estranhas nos "melhores amigos" de uma rede social. A amiga mandou *prints* das imagens em que Ana Clara aparecia consumindo diversos tipos de drogas e bebendo; em alguns vídeos, ela participava de "rachas" com outros jovens alcoolizados ao volante. Havia outras fotos, ainda, em que Ana Clara estava seminua nas festas, na companhia de homens mais velhos.

Viviane entendeu, então, por que a filha não atendia muitas das suas ligações e, quando atendia, estava sonolenta durante o dia e não aceitava fazer chamadas de vídeo. Para preservar a mãe idosa que agora tinha passado a morar com ela, Viviane seguia em isolamento e não ia à casa de Marcos. Desde a mudança de Ana Clara, elas só tinham se visto duas vezes, em ambientes ao ar livre, e mesmo nessas ocasiões a garota mal queria falar com a mãe.

Viviane, então, ligou para Marcos e contou tudo o que havia descoberto. Pediu que ele interviesse e conversasse com Ana Clara, para que ela voltasse a morar na casa dela, onde poderia ser acompanhada de perto e onde a mãe poderia providenciar suporte médico e psicológico para o abuso de álcool e drogas. Marcos respondeu que ela estava fazendo tempestade em copo d'água, que Ana Clara não estava fazendo nada que não fosse normal na juventude e era um absurdo achar que a filha dele era uma viciada. Ele se recusou a enviar a filha de volta e disse que era melhor mandá-la para um intercâmbio fora do país, para que ela abandonasse as festas.

Como esperado, quando Viviane chamou Ana Clara para conversar sobre as festas e uma volta para casa, a menina negou que estivesse apresentando um comportamento errático, apesar das provas em foto e vídeo. Chamou a mãe de mentirosa e a acusou de tentar colocar Marcos contra ela.

Sem poder contar com o apoio de Marcos para ter a filha de volta e encaminhá-la para receber os cuidados adequados, Viviane entrou na Justiça em uma tentativa de fazer com que ela retorne para casa, mas está desesperançada, porque, na audiência, a menina falou ao juiz que deseja continuar morando com o pai.

A história de Viviane e Ana Clara mostra para a gente que, na maioria das vezes, não dá para levar em conta apenas o desejo da criança ou do adolescente na hora de definir coisas como a residência principal e a rotina que ela vai seguir. Por definição, menores de 18 anos ainda não têm capacidade para escolher o que é melhor para si, e é por isso que, em um processo de guarda, eles não podem escolher.

Guarda e pensão dos filhos

Apesar disso, quando existe disputa por guarda envolvendo adolescentes acima de 12 anos, é possível que o juiz o ouça diretamente — como aconteceu no caso de Ana Clara. Só que a vontade da criança ou do adolescente não é suficiente para levar a uma decisão. Acredite se quiser: eu já vi filho falando para o juiz que queria ir para a casa do pai porque a mãe o obrigava a fazer tarefa e o pai, não.

Portanto, o que o juiz levará em consideração é quem tem maior aptidão para lidar com a criança ou o adolescente, quem se envolve mais afetiva e socialmente, quem cria uma rotina mais adequada... Quando o juiz decide não ouvir o filho ou a filha (porque isso é prerrogativa dele), é feito um estudo psicossocial por psicólogos e assistentes sociais que trabalham no tribunal. O profissional entrevista os pais, vai à casa deles, conversa com a criança ou o adolescente e analisa todo o contexto familiar para, então, enviar um laudo de sua avaliação ao juiz. Porque, muitas vezes, a criança coloca o pai como um super-herói, inclusive por estar mais distante do dia a dia. E tem pai que até se aproveita disso para falar mal da mãe para os filhos, mostrar como ele, de fato, é mais legal!

O único problema, no caso de Viviane, é que, mesmo com pedido de urgência, esses processos podem se estender por anos, e não há como, antes da decisão judicial, obrigar Ana Clara a voltar para a casa da mãe. E, quando ela fizer 18 anos, poderá decidir por si mesma.

E agora, para aliviar o coração de muitas mãezinhas: o pai da criança ter uma condição financeira melhor que a sua jamais deve ser um parâmetro na hora de o juiz decidir onde a criança vai morar.

Miriane Ferreira

E a paternidade socioafetiva?

Antes de finalizar este capítulo, quero só fazer um aparte rápido sobre uma questão que está sendo muito falada: a filiação socioafetiva, que nada mais é do que o reconhecimento jurídico de maternidade ou paternidade quando, embora não exista vínculo de sangue, existem vínculos afetivos tão fortes quanto de pais e filhos. O movimento *red pill*, de homens que incentivam submissão total das mulheres e outros vários conceitos machistas na internet, tem falado muito que esse é um dos motivos para um homem nunca se relacionar com uma mulher que já é mãe. A alegação é que, como padrasto, ele pode ser cobrado, por lei, como pai, e ter que pagar pensão e ser obrigado a conviver com a criança depois de uma separação — mesmo se só tiver namorado pouco tempo com a mulher e não tiver criado um vínculo forte com a criança.

Só que isso é mentira total! A filiação socioafetiva, gente, não é nada disso. Na prática, para a filiação socioafetiva realmente existir, é preciso comprovar que existe um relacionamento entre o padrasto ou madrasta como a criança como se fosse de pai ou mãe. Ou seja, estamos falando daquele padrasto que realmente cria, que não só leva à escola, mas é conhecido por todos ali como o pai que provê a criança e tem um laço duradouro de amor.

Vale dizer, inclusive, que não existe distinção entre a filiação socioafetiva e a biológica, ambas possuem os mesmos direitos e deveres, não podendo haver nenhum tipo de discriminação entre elas.

CAPÍTULO 5

Questões de herança

Quando a gente fala em herança, é muito comum lembrar na hora de todas as disputas que saem na mídia quase diariamente. Em geral, ficamos sabendo daquelas que envolvem muito dinheiro: herdeiros de grandes cadeias varejistas, de artistas, de políticos notórios... Isso porque, de fato, é mais comum mesmo que grandes fortunas acabem trazendo grandes brigas. Apesar disso, qualquer um que tem algum bem, seja em dinheiro, fundos, ações, imóveis ou outros ativos, está sujeito a deixar para trás não só seu patrimônio, mas uma bela briga entre os herdeiros. Acredite, eu já vi muita família parar de se falar por causa de um apartamentozinho!

Em 2022, a quantidade dos serviços de testamento, inventário e partilha alcançou um recorde nos cartórios de todo o país, segundo o Relatório Anual Cartório em Números. Entre 2007 e 2021, realizou-se 1,8 milhão de inventários em tabelionatos de notas, e em 2022, com um número total de pouco mais de 1,3 milhão de óbitos, houve 213 mil — ou seja, nem todos os herdeiros abriram inventário, mas boa parte deles, sim.[39]

> **Afinal, o que é inventário?**
> Quando uma pessoa falece e deixa bens, é necessário demonstrar quem terá direito àquele patrimônio. Isso acontece por meio do processo de inventário. Abrir um inventário nada mais é que levantar todos os bens (móveis e imóveis) e direitos deixados pela pessoa falecida, para, aí, poderem ser partilhados entre os herdeiros. O prazo é de até 60 dias a contar do falecimento.

Esses processos costumam envolver os chamados herdeiros necessários, ou seja, aquelas pessoas que *devem* herdar. Tratam-se de descendentes (filhos, netos, bisnetos), cônjuge ou companheiro[40] em união estável e ascendentes (pai, avôs e bisavôs) da pessoa que faleceu. Vale aqui

---

39. GOMES, Guilherme. Cartórios registraram número recorde de testamento, inventário e partilha em 2022. *Instituto Brasileiro de Direito de Família*, 17 jan. 2023. Disponível em: https://www12.senado.leg.br/noticias/especiais/especial-cidadania/heranca/novo-codigo-civil-quem-pode-ser-herdeiro. Acesso em: 26 set. 2023. (Essa página, do Senado Federal, explica direitinho e com bastante detalhamento quem são os herdeiros segundo o nosso Código Civil. Vale a pena ler com calma antes de procurar seu advogado.)

40. Tramita no Senado o Projeto de Lei nº 3799/19, que prevê a exclusão do cônjuge de herdeiro necessário.

Questões de herança

uma atenção à questão de descendentes e ascendentes. Por exemplo, se Maria, casada, sem filhos, falece, os herdeiros dela serão seu marido e seus pais. Agora, se Maria falece após já ter tido um filho, seus pais deixam de ser herdeiros, restando apenas seu marido e seu filho.

Nas histórias a seguir, vai ficar mais simples de entender, com exemplos, quais herdeiros têm direito a quê, mas já fique sabendo que um herdeiro necessário sempre terá direito a uma parte da herança, ok? (Bom, só em caso de ser deserdado, o que, apesar de raro, é possível e eu explico no fim do capítulo.) Fora eles, ainda existem outros tipos de herdeiros: os testamentários, que são definidos pelo falecido ainda em vida, segundo sua vontade, e não precisam ter qualquer grau de parentesco; e os colaterais, que são aqueles parentes mais distantes (irmãos, sobrinhos, tios e primos; sabe aquela história da "herança de um tio distante"?) e que recebem herança na falta dos herdeiros necessários.

Para entender as histórias a seguir, também é essencial você saber que precisamos pensar no patrimônio de alguém como algo dividido em dois: 50% é o que chamamos de "legítima" e 50% é a parte "disponível". A legítima será obrigatoriamente destinada aos herdeiros necessários, enquanto, com a parte disponível, a pessoa pode fazer o que bem entender, ainda em vida. Apenas lembrando que essa regra só se aplica em caso de doação, pois, se a pessoa desejar, ela pode vender seu patrimônio e gastar tudinho.

Herança e regime de bens

O que vai definir os direitos da viúva ou do viúvo em caso de falecimento do cônjuge ou companheiro será o regime de bens. Mas, primeiro de tudo, quero esclarecer dois conceitos que geram muita confusão: o direito de herança e o direito de meação.

A meação está relacionada ao regime de bens. Vamos supor que uma mulher é casada ou está em uma união estável sob o regime da comunhão universal de bens. Neste regime, ela se torna meeira de todo o patrimônio do marido, ou seja, terá direito à metade de todos os bens, independentemente de serem doados, herdados ou adquiridos antes do casamento.[41]

Em caso de falecimento dele, ela permanece com sua meação (metade de tudo) e a outra metade será a herança dos outros herdeiros. Isso porque, a princípio, não é possível ser herdeira e meeira dos mesmos bens. A exceção ocorre se o falecido não tiver mais nenhum outro herdeiro necessário. Nesse caso, além dos 50% do patrimônio garantido pelo regime de bens, o cônjuge ou companheiro será o único herdeiro da outra parte.

Na comunhão parcial de bens, o cônjuge ou companheiro tem direito à metade do que foi adquirido durante a união, que é o direito de meação. Do patrimônio em que ele for meeiro, ele não será herdeiro. A outra metade desse patrimônio

---

41. Exceto em relação aos bens recebidos pelo cônjuge ou companheiro com cláusula de incomunicabilidade. Nesses bens, ela concorrerá juntamente com os outros herdeiros.

Questões de herança

caberá aos outros herdeiros necessários. Agora, se o falecido tiver deixado bens particulares (recebidos por herança, doação ou bens que ele já possuía antes do casamento), o cônjuge ou companheiro herdará uma parte desses bens juntamente com os outros herdeiros.

No caso separação total ou convencional de bens, quando a mulher adota esse regime, ela abre mão do seu direito de meação, por isso, ela não tem direito ao que o outro cônjuge ou companheiro adquire durante a união. Aqui, todo o patrimônio deixado pelo falecido será partilhado entre a viúva e os outros herdeiros. Por essa razão, dizemos que, na separação convencional de bens, o cônjuge ou companheiro será apenas herdeiro, e não meeiro.

Já na separação obrigatória (lembra da história da Iara e do Ruy?), para haver direito de meação dos bens adquiridos durante a união, será necessária a comprovação do esforço comum na aquisição. Aqui, o cônjuge ou companheiro só terá direito à herança se o falecido não tiver deixado descendentes. Se houver, a discussão será apenas em relação ao patrimônio conquistado durante o relacionamento, para saber se o cônjuge ou companheiro será meeiro ou não.

Vamos entender melhor a influência de cada regime de bens com o exemplo a seguir.

João e Maria são casados e têm dois filhos. Antes de se casar, João já possuía uma casa. Durante o casamento, ele comprou um apartamento na praia e herdou de seus pais uma fazenda. João faleceu. Qual será o direito de Maria em relação aos bens?

- ≫ **Comunhão universal de bens**: Maria tem direito à metade do patrimônio, independentemente de quando foi adquirido ou se foi proveniente de herança. A outra metade será herdada pelos filhos. Aqui, ela não é herdeira porque já é meeira de todos os bens.

- ≫ **Comunhão parcial de bens**: Maria tem direito à metade do apartamento na praia, porque foi adquirido durante a união. Ou seja, do apartamento, ela é meeira. Em relação à casa que ele já possuía e a fazenda que ele herdou, que são os bens particulares de João, ela é herdeira na mesma proporção que os filhos (você vai entender melhor com a história da Edna).

- ≫ **Separação total de bens**: Maria não tem direito à meação, ou seja, nesse regime ela não é meeira de nada. Aqui, todos os bens em nome do João são particulares e serão divididos em igual proporção entre ela e os filhos. Maria figura somente como herdeira (veja a próxima história, do Carlos e da Lourdes).

- ≫ **Separação obrigatória de bens**: Maria só terá direito à metade do apartamento na praia se comprovar o esforço comum na aquisição. Nesse caso, apenas os filhos são herdeiros, ela não (lembra a história da Iara e do Ruy?).

O cônjuge não será mais herdeiro necessário?

Não posso deixar de mencionar um tema bastante polêmico envolvendo herança, que é a possível exclusão do

| Q | Questões de herança |

cônjuge como herdeiro necessário. Quem me acompanha nas redes sociais já deve ter ouvido falar sobre isso. No Senado, estão em discussão tanto o Projeto de Lei nº 3799/19 quanto o anteprojeto da reforma do Código Civil, ambos prevendo essa alteração.

Como ainda não há uma data definida ou a certeza de que essa alteração ocorrerá, eu não vou me aprofundar nesse assunto. Apenas para ilustrar, utilizando a história de João e Maria, caso houvesse a exclusão do cônjuge do rol de herdeiros necessários, a situação da Maria ficaria assim:

> » **Comunhão universal de bens**: Ficaria tudo igual porque, em regra, neste regime ela é apenas meeira e não herdeira. Maria continuaria tendo direito à metade de tudo. Se a mudança for aprovada, uma forma de resguardar o direito da viúva será alterar o regime de bens para a comunhão universal.

> » **Comunhão parcial de bens**: Maria teria direito somente à metade do apartamento na praia. A casa que João já possuía e a fazenda que ele herdou seriam herança apenas dos filhos. Ou seja, se por acaso o casal vivia dos rendimentos da fazenda, Maria perderia sua fonte de sustento.

> » **Separação total de bens**: Maria sairia sem absolutamente nada.

> » **Separação obrigatória de bens**: Nada mudaria porque, na separação obrigatória, o cônjuge não é herdeiro quando o falecido tem filhos (hoje já funciona assim).

Sei que algumas mulheres que possuem o próprio patrimônio — e representam uma minoria no país — são a favor da alteração porque desejam resguardar os bens que elas adquirirem somente para os filhos, caso entrem em um novo relacionamento. E eu compreendo perfeitamente o ponto de vista delas. No entanto, levando em consideração o contexto social da maioria das mulheres e sua posição de vulnerabilidade, a exclusão do cônjuge de herdeiro necessário as colocará em um patamar econômico ainda pior.

Com base na realidade atual dos relacionamentos, posso afirmar que inúmeras mulheres saem de casamentos sem nada, frequentemente por terem sido lesadas na partilha de bens, ou por não terem tido a oportunidade de crescer financeiramente. Imagine uma mulher que se casa aos 40 anos com uma pessoa que já possui um patrimônio estabelecido. Devido às limitações de inserção e desenvolvimento no mercado de trabalho, e à desproporcional divisão das tarefas domésticas, essa mulher pode não conseguir construir seu próprio patrimônio durante o casamento. Aí ela fica casada por mais trinta anos, sendo sustentada pelo padrão de vida proporcionado pelo marido. Em caso de falecimento dele, essa mulher não terá direito a nada do que ele deixou, mesmo após décadas de convivência e contribuição não econômica para a família. Isso significa que, apesar de terem compartilhado uma vida juntos e contribuído significativamente para o bem-estar e a manutenção da vida familiar, ela poderá sair da relação sem qualquer segurança financeira.

Para mim, essa alteração é profundamente injusta, pois afetará as mulheres de maneira desproporcional, sobretudo as mais velhas. Por essa razão, continuarei lutando para que essa arbitrariedade não se torne realidade e, para isso, conto com o apoio de vocês. Enviem mensagens para os senadores do seu estado, pedindo a eles que se posicionem publicamente contra esse absurdo. Sozinha, eu não consigo fazer nada, mas, juntas, podemos evitar que ocorra um retrocesso sem precedentes em relação aos nossos direitos.

Pronto!

Agora que já esclareci os assuntos principais, vamos às nossas histórias.

Quem tem direito a quê?

Carlos era um médico que, aos 55 anos, estava divorciado havia cerca de dez e tinha dois filhos adultos, um com 30 e outro com 35. Quando conheceu Lourdes e se apaixonou, ele tinha uma vida bastante tranquila e já estava começando a trabalhar um pouco menos. Grande parte de sua renda era proveniente de aluguéis de imóveis comerciais que ele foi adquirindo ao longo da vida. Seu primeiro casamento foi pela comunhão parcial de bens e, no divórcio, que foi amigável, tudo foi dividido direitinho, e cada um seguiu sua vida.

Carlos e Lourdes se conheceram em um dos hospitais em que ele ainda passava em visita algumas vezes por semana, pois tinha pacientes internados. Lourdes era enfermeira, tinha 50 anos e nunca havia se casado. Como ambos já estavam numa fase em que tinham vivido muitas experiências anteriores e sabiam bem o que queriam da vida, namoraram por cerca de um ano e decidiram se casar.

Quando Carlos foi comunicar os filhos, eles imediatamente começaram a reclamar com o pai e a enfrentá-lo, dizendo que Lourdes ia tomar a herança deles, que ela era só uma enfermeira e estava se casando para dar a golpe do baú e enriquecer. No início, Carlos até conseguiu enfrentar e rebater os questionamentos, mas os filhos insistiam, pressionando, e ele começou a se sentir abalado — afinal, será que podia mesmo tirar algo que os filhos acreditavam ser direito deles? Carlos já não tinha participado da vida dos filhos quando eles eram crianças, então, será que aquilo era mais um sinal de que ele era um pai ruim?

Eles, então, impuseram uma condição: o pai poderia se casar com Lourdes, desde que fosse sob o regime da separação de bens. Com muita delicadeza, ele abordou o assunto com sua futura esposa, que, para sua surpresa, não fez nenhuma objeção ao regime escolhido.

Nos anos seguintes, ele foi diminuindo o ritmo de trabalho e começou a aproveitar mais a vida ao lado de Lourdes e, por isso, ela parou de trabalhar. Eles conheceram vários países, saíam para jantar toda semana, e fizeram tudo o que ele gostaria de ter feito com a primeira esposa, mas não pôde, pois trabalhava dia e noite. Lourdes era muito apaixonada e cuidava dele com carinho. Eram um casal feliz.

No entanto, esse novo estilo de vida de Carlos incomodava bastante seus filhos. Eles diziam ao pai que, depois de gastar todo o dinheiro dele, Lourdes o deixaria na rua da amargura.

Aos 80 anos, Carlos descobriu que estava com câncer no cérebro em estágio avançado. Durante seis meses, Lourdes não saiu de perto dele. Durante o tempo em que esteve internado, os filhos não o visitaram, alegando que não queriam cruzar com Lourdes no hospital. Após algum tempo, já em casa e sob cuidados paliativos, Carlos perdeu a consciência e ficou quase em estado vegetativo.

Dias após Lourdes comunicar os filhos de Carlos sobre a mudança no quadro do pai, eles apareceram na casa dela, acompanhados de um advogado e uma ambulância com quatro enfermeiros, para tirar Carlos de lá. Acusaram-na de maus-tratos e disseram para ela desaparecer, afirmando que o processo criminal já estava finalizado e que logo a polícia estaria lá para prendê-la. Pegaram todos os documentos e objetos de maior valor e levaram o pai embora.

As cuidadoras de Carlos, que presenciaram toda aquela barbárie, tentaram acalmar Lourdes, dizendo que a história do processo deveria ser mentira e que, se necessário, testemunhariam a seu favor. Elas, mais do que ninguém, sabiam quanto Lourdes amava e cuidava do marido. No entanto, Lourdes estava desesperada e se sentindo completamente sozinha. Nos dias seguintes, ela tentou contato com os filhos de Carlos para saber notícias do marido, mas eles haviam fechado qualquer canal de comunicação com ela. Lourdes chegou a ir até o apartamento de um deles, mas ninguém atendeu. Ela chorava dia e noite sem saber o que fazer.

Quinze dias após o ocorrido, enquanto estava no caixa da farmácia comprando seus medicamentos, o atendente a informou que seu cartão não havia passado. Sem entender nada, Lourdes foi ao banco questionar a gerente e recebeu a notícia de que Carlos havia falecido e, por isso, a conta havia sido bloqueada. No mesmo momento, ela desmaiou.

Pois é, minha gente, olha a tragédia pela qual a Lourdes está passando: além da tristeza de perder o marido, agora vai ter que entrar em uma briga judicial para garantir seus direitos de herdeira.

E você vai ficar ainda mais chocada quando souber o motivo pelo qual os filhos de Carlos fizeram tudo aquilo: quando tiraram pai de casa, a intenção era que, ao falecer, por não estar mais morando com Lourdes, ficasse caracterizado que

Questões de herança

eles estavam separados. Assim, ela não teria direito à herança nem poderia usufruir do direito real de habitação.

No entanto, os planos malignos dos filhos não darão certo, pois ela tem várias provas de que estavam, sim, casados e que, na verdade, seu marido foi arrancado de casa quando estava inconsciente.

Vamos relembrar que, como explicado neste mesmo capítulo, tanto ela quanto os filhos de Carlos são herdeiros necessários. Como ela era casada sob o regime da separação total de bens, não tem direito à metade do que foi adquirido durante a união, ou seja, não é meeira. Portanto, ela será herdeira juntamente com os filhos do falecido, recebendo o mesmo valor que eles.

Mas vamos lá: quando ocorre um falecimento, qualquer um dos interessados deve abrir um processo de inventário em até sessenta dias, como mencionei algumas páginas atrás. Mesmo quando há concordância e isso é feito de forma extrajudicial, no cartório (que não deve ser o caminho da Lourdes, já que claramente eles farão de tudo para prejudicá-la), é preciso constituir um advogado e nomear um inventariante.

Eu recomendo sempre que cada parte interessada tenha sua própria assessoria jurídica e que a viúva insista em ser a inventariante, porque esse é o jeito mais simples e seguro de realmente ter acesso a todas as informações. No caso da Lourdes, uma boa advogada vai garantir que haja uma partilha justa, na qual ela não seja prejudicada. Eu já atendi mulheres que fizeram o inventário extrajudicialmente e tiveram seus direitos lesados pelos próprios filhos. É bem triste, mas a gente sabe muito bem que, por mais que se confie em alguém, quando há dinheiro envolvido, muitas pessoas mudam completamente de comportamento.

Agora, preciso falar de um outro assunto importante, anote isto: a viúva *não* precisa sair de onde mora! Está lá no Artigo 1.831 do Código Civil: a pessoa que perde o companheiro ou a companheira tem o direito garantido de seguir no imóvel em nome do falecido que era a residência familiar, sem ser obrigada a vendê-lo para fins de partilha. E, se algum dos outros herdeiros ameaçar cobrar aluguel, ela não deve pagar. Isso é chamado de direito real de habitação e não causa nenhum prejuízo sobre o resto da herança.[42]

E tem mais: se por acaso você perceber que seu marido anda passando bens para os filhos, principalmente de outro casamento, sem te consultar, fique de olho. Mesmo se o regime de bens for o da separação total, isso pode ser uma fraude ao seu direito de herança. Acredito firmemente que, sobretudo quando os filhos estão criados e têm sua própria vida e família, os bens devem ficar o máximo possível com o casal. Quem constrói um patrimônio, se apoiando mutuamente, é sempre o marido e a mulher; também são eles que dividem um certo padrão de vida que deve ser mantido para a parte que fica. Por isso, sou muito a favor de algumas so-

---

42. ACS. Direito real de habitação. *Tribunal de Justiça do Distrito Federal e dos Territórios*, 2021. Disponível em: https://tinyurl.com/5n8ybvx7. Acesso em: 28 set. 2023.

Q | Questões de herança

luções pensadas para resguardar a viúva — especialmente a *holding* e o testamento, de que vamos tratar logo a seguir.

Cuidado com as doações!

Luiza era parte de uma família tradicional de uma grande capital brasileira, aquela que a gente chama de herdeira, pensando em como ela tem sorte. Era filha única, e sempre teve o avô e a avó como figuras muito presentes em sua vida — eles eram amorosos com ela e com todos os netos, e faziam questão de recebê-los em casa, quando crianças, todo domingo. Era uma festa! Os funcionários da residência preparavam um banquete cheio de delícias, incluindo vários doces, e dava para brincar na piscina e no enorme jardim.

Só que, conforme Luiza foi crescendo, seus pais foram se distanciando dos avós e, por consequência, ela mesma acabou passando a vê-los menos. Apesar de não conseguir entender direito o motivo, aquilo sempre a incomodou, porque sentia muita saudade dos dois. Ela os encontrava em ocasiões festivas. E, depois que se tornou adulta, devido à correria de sua profissão e ao fato de os avós morarem em uma chácara a mais de duas horas de distância, quase não conseguia visitá-los.

De ouvir algumas conversas, sabia que havia tempos o avô e a avó não estavam mais envolvidos com os negócios da família, uma enorme rede de varejo que tinham fundado juntos no início da vida adulta, e imaginava que isso fosse porque os dois queriam descansar um pouco e aproveitar a merecida aposentadoria depois de construir um patrimônio de centenas de milhões que beneficiava a família inteira (já que os dois filhos trabalhavam na rede).

No último Natal, em uma festa realizada na casa de seus pais, Luiza presenciou uma cena bem estranha: a avó puxou de lado Sandro, pai de Luiza, e pediu dinheiro. Explicou que, como estavam envelhecendo, precisariam de um valor mensal maior para cobrir a quantidade de medicamentos que vinham tomando. Luiza ficou chocada: como era possível que, depois de terem sido responsáveis por todo um negócio familiar, os avós estivessem passando por qualquer tipo de dificuldade? Não fazia nenhum sentido.

Ela, então, foi investigar a situação e descobriu que, anos antes, os avós haviam criado um sistema de empresas no estilo *holding* familiar, transferindo para essas empresas todo o patrimônio que possuíam (investimentos, imóveis, lojas), inclusive a chácara onde viviam, que valia dezenas de milhões. A intenção era facilitar a sucessão após o falecimento e evitar um longo processo de inventário. O combinado entre eles era que o pai continuaria com seu cargo decisório na empresa, embora os proprietários formais, agora, fossem Sandro e o irmão dele.

Para evitar o imposto de doação, o ITCMD, que no caso deles ficaria altíssimo devido ao valor do patrimônio, eles seguiram a sugestão de Sandro. Em vez de doarem as cotas para os filhos com usufruto deles, aos poucos simularam a venda dessas cotas até que se retiraram completamente das empresas.

Luiza, que era médica recém-formada, não se envolvia em nada relacionado aos negócios da família, pois queria seguir a própria carreira. Ela era muito diferente dos primos, que, apesar de ocuparem cargos de diretores lá havia muitos anos, só sabiam viajar e esbanjar uma vida de luxo nas redes sociais.

No ano seguinte àquele Natal, começaram a surgir notícias na imprensa dizendo que a rede estava em franco declínio, porque a administração financeira era irresponsável. Luiza ficou extremamente preocupada; apesar da vida luxuosa proporcionada pelos pais, que a presentearam com uma clínica de dermatologia montada antes mesmo de ela se formar, hoje em dia ela vivia do próprio dinheiro. Quando foi questionar seu pai sobre as notícias, ele contou que, devido aos desentendimentos entre ele e o irmão na gestão das empresas, várias decisões ruins tinham sido tomadas. Por isso, estavam à beira da falência. O passo seguinte seria vender a casa dos avós dela e enviar o dinheiro para o exterior, na tentativa de salvar alguma coisa, pois já tinham vendido quase tudo. Caso contrário, logo o imóvel seria penhorado em razão das dívidas. Ou seja, em vinte anos, eles haviam simplesmente dilapidado um patrimônio multimilionário!

Luiza decidiu ir até a chácara dos avôs para entender melhor toda aquela situação e saber como poderia ajudá-los. Quem contou tudo a ela foi sua avó, pois seu avô, muito magoado, recusava-se a tocar no assunto. Ela explicou que o grande erro deles foi terem simulado a venda da *holding* para evitar o imposto de doação, em vez de terem doado com cláusula de usufruto, que os manteria como responsáveis por todos os bens até que falecessem. A partir disso, legalmente falando, eles não possuíam mais nenhum vínculo com a empresa. Acabou que os filhos foram distanciando cada vez mais o avô das decisões da empresa, dizendo que ele tinha ideias ultrapassadas e que o mercado havia mudado. Até que, depois de uma séria discussão, eles o afastaram de vez. Foi aí que passaram a viver de uma mesada que diminuía a cada ano.

Indignada com tudo o que ouviu, Luiza procurou auxílio jurídico, porque sabia que os dois não deviam estar passando por aquilo. Apesar de já estarem com quase 90 anos, eles não eram incapacitados. Seria uma grande injustiça retirá-los da casa onde passaram a vida, com funcionários, sendo bem-assistidos. A avó sempre tinha sido generosa com todo mundo, dando presentes e amor, mas os filhos foram lhe tirando tudo. Agora Luiza entendia por que raramente eles saíam de lá.

Infelizmente, porém, segundo o advogado, já não havia mais o que fazer. Até seria possível ingressar com uma ação de alimentos contra os filhos, mas, diante da crise financeira pela qual eles estavam passando, com certeza o valor da pensão não cobriria uma moradia nem parecida com a que os avós tinham.

Para entender a história da família da Luiza, é preciso primeiro compreender o que é uma *holding* familiar. Basicamente, trata-se de uma ou mais empesas criadas para centralizar e gerenciar o patrimônio de uma família, com o objetivo principal de facilitar a sucessão e reduzir os impostos. Quando os bens são transferidos para a *holding*, eles deixam de pertencer a um CPF e passam a ser de um CNPJ. Após a integralização na empresa, esses bens se tornam cotas ou ações, e sua administração é regida segundo o contrato social e o acordo entre sócios.

Diferentemente do que muita gente pensa, a *holding* familiar não serve apenas para famílias multimilionárias. Por exemplo, imagine um pai que possui um único imóvel, um apartamento avaliado em R$ 1 milhão. Em caso de falecimento dele, se os filhos não tiverem dinheiro para pagar o imposto, será necessário solicitar ao juiz do inventário que o imóvel seja vendido às pressas para arcar com esse custo.

E essa urgência geralmente faz com que tal bem tenha que ser vendido muito abaixo do valor de mercado.

Agora, você deve estar se perguntando se não seria mais fácil doar o imóvel em vida com cláusula de usufruto para o pai. E a resposta é: depende. Isso porque, quando uma pessoa doa um bem com usufruto que está em seu nome, ou seja, registrado em um CPF, só será possível vendê-lo se houver a concordância dos filhos que receberam a doação. Já vi inúmeros casos em que os pais, para evitar um inventário, doaram bens aos filhos e, no futuro, quando precisaram vender o imóvel, foram surpreendidos pela recusa dos filhos em assinar, sob a alegação de que o bem pertencia a eles. E, de fato, era verdade, já que os pais possuíam apenas o usufruto.

Por outro lado, se o imóvel estiver em nome da *holding*, as doações com usufruto serão das cotas, e não do bem em si. Esse tipo de doação pode ser protegido por diversas cláusulas importantes que permitem ao doador continuar agindo livremente, como se ainda fosse o dono, podendo dispor dos bens sem precisar da assinatura dos filhos. Somente em caso de falecimento esse patrimônio se tornará, de fato, dos herdeiros. E, mesmo após o óbito, a empresa continuará sendo gerida de acordo com as cláusulas preestabelecidas no contrato social, prevenindo que um filho mais despreocupado dilapide o patrimônio da família e, principalmente, fugindo de um longo processo de inventário que pode colocar todo o patrimônio em risco.

Além disso, as doações das cotas podem ser realizadas aos poucos, evitando a necessidade de desembolsar uma

| Questões de herança

grande quantia de uma vez para pagar o temido imposto, que eu vou explicar melhor a seguir.

> *A proposta de Reforma Tributária e a herança*
>
> O Imposto de Transmissão Causa Mortis e Doação (ITCMD) é pago quando a pessoa recebe uma doação ou herança. A alíquota, cobrada sobre o valor do bem, varia de estado para estado. Em alguns, como São Paulo e Paraná, essa alíquota está fixada em 4%. Com a Reforma Tributária, ela se tornará progressiva em todo o Brasil, aumentando conforme o valor do patrimônio, e variará entre 2% e 8%.
>
> Isso, inclusive, levou a um aumento de doações em vida após o texto da reforma ser aprovado pela Câmara dos Deputados, em julho de 2023: em agosto foram 14,2 mil doações de bens em cartório, sendo que a média mensal anterior era de 11,6 mil.[43]
>
> Como 2024 é considerado o último ano para fazer proveito das regras atuais, a busca nos escritórios de advocacia por planejamentos sucessórios aumentou em média 40%. E, para piorar, ainda existe um projeto de lei no Senado que propõe que a tributação chegue a 16% sobre o patrimônio. Se essa proposta será aprovada ou não, é difícil dizer. Mas o ideal é se planejar com a maior antecedência e cuidado possíveis.

---

43. LANZA, Luíza. Famílias antecipam herança com medo de impostos da Reforma Tributária. *O Estado de S. Paulo*, 20 out. 2023. Disponível em: https://einvestidor.estadao.com.br/educacao-financeira/familias-antecipam-heranca-impostos-reforma-tributaria/. Acesso em: 27 jan. 2024.

Agora, um alerta importante: caso seu marido esteja pensando em criar uma *holding*, você precisa saber que podem haver armadilhas para retirar ou diminuir seus direitos. Isso porque, quando vocês adquirem bens em nome do casal (considerando o regime da comunhão parcial), só é possível vendê-los com a assinatura de ambos. No entanto, a partir do momento em que esses bens se tornam propriedades da *holding*, tudo será regido pelo contrato social. Um administrador será nomeado e, em regra, terá livre poder de gestão. Por isso, é ideal que você, além de sócia, também seja administradora.

Eu sei que tudo isso é cheio de detalhes e, à primeira vista, pode até assustar. Então, vamos fazer assim: caso seu marido apareça com um contrato de *holding* para você assinar, procure orientação de um advogado de sua confiança e não faça nada antes disso, ok? O que eu já vi de armadilhas disfarçadas e milimetricamente calculadas para lesar a mulher nesses contratos, você nem imagina.

Renunciar em favor de outro herdeiro pode?

Edna se casou com Jorge ainda muito nova, com 22 anos. Ele era engenheiro, e, em pouco tempo, o casal já tinha dois filhos, e ela se dedicava integralmente a eles.

Era um casamento muito feliz. Jorge era carinhoso com as crianças e tratava Edna muito bem. Os filhos, André e Henrique, eram crianças maravilhosas, obedientes e estudiosas. A família tinha uma situação financeira excelente. Jorge abriu uma empresa que construía conjuntos habitacionais no interior e cresceu muito ao longo dos anos.

Quando André e Henrique estavam com 35 e 38 anos, já tinham trilhado seus caminhos. André havia estudado engenharia de computação e abriu uma startup de jogos, que estava indo muito bem e tinha acabado de captar alguns milhões em investimento. Henrique tinha se mudado para os Estados Unidos com 22 anos, para cursar mestrado em engenharia. Lá, acabou se estabelecendo, arrumou emprego em uma construtora e se casou com uma americana.

Com os filhos encaminhados e, depois de muitos anos de trabalho, Jorge decidiu que colocaria a empresa à venda para aproveitar melhor o tempo com Edna. Rapidamente, apareceu um comprador, e a empresa foi vendida por R$ 15 milhões.

Eles estavam bastante animados com o novo estilo de vida e já planejavam passar alguns meses na casa de cada filho. Porém, poucos dias antes de viajarem para os Estados Unidos, Jorge sofreu uma queda na escada de casa e faleceu em decorrência de um traumatismo craniano. Os filhos ficaram desolados, e para Edna a perda foi avassaladora. Jorge era seu primeiro e único amor e o homem a quem ela devotou a vida.

Passado o choque inicial, era hora de cuidar das providências práticas. Edna era casada em comunhão parcial de bens, e tudo o que o casal possuía havia sido adquirido durante a união. Então, ela tinha direito à metade dos bens, ou seja, ela era meeira. Os outros 50% do patrimônio seriam herança dos filhos. No entanto, em comum acordo e sem questionamentos, os filhos decidiram renunciar às suas partes na herança, pois, além de não precisarem, eles achavam que o mais justo era que a mãe ficasse com todo o patrimônio, afinal, ela não tinha renda e eles queriam que ela continuasse tendo uma vida confortável. Edna ficou bem feliz — não pelo dinheiro, mas porque viu que não tinha criado princesos.

Três anos depois da morte de Jorge, Henrique recebeu, por uma rede social, a mensagem de um rapaz chamado Leonardo. Ele dizia que tinha 36 anos e era filho de Jorge, fruto de um caso rápido com uma secretária da empresa de engenharia. Disse que tinha acabado de saber da morte do pai e ia tirar tudo da família e castigá-los por Jorge não o ter reconhecido e tê-lo deixado viver às margens da família a vida toda. Era uma mensagem raivosa e ameaçadora.

Henrique compartilhou a história com a mãe e o irmão, e novamente a família ficou devastada. Não imaginavam que Jorge pudesse ter traído Edna e, menos ainda, que tivesse deixado um filho no mundo sem amparo. Pouco tempo depois, a família foi intimada.

Leonardo pleiteava um exame de DNA para comprovar a paternidade.

Conversando com um antigo sócio de Jorge, que também era seu padrinho, Henrique soube que, de fato, o pai havia tido um envolvimento com a secretária. Foi rápido, e Jorge se arrependeu terrivelmente. Depois que o romance terminou, a moça mudou de cidade e nunca mais se ouviu falar dela. Jorge morreu sem saber que esse terceiro filho existia, sua ex-amante nunca o procurou para contar ou apresentar a criança.

André também tentava entender o que estava acontecendo. Perguntando aqui e ali, soube que a mãe de Leonardo havia morrido de câncer havia pouco tempo e que ele nunca fora um bom filho. Era revoltado, dava trabalho, chegou a cometer pequenos delitos na adolescência. Andava com uma gangue, se metia em confusão. Durante os anos de doença da mãe, não teve zelo nem cuidou dela, que dependeu da ajuda de vizinhos nos últimos anos de vida. Finalmente, antes de morrer, confidenciou ao filho que Jorge era o pai dele. Agora ele estava sozinho, não tinha emprego nem como se manter e sobrevivia de pequenos golpes, como o dinheiro que tomava emprestado de familiares e amigos sem nenhuma intenção de pagar.

Enquanto esperava pelo resultado do teste de paternidade, Leonardo resolveu fazer da vida da família um inferno. Mandava mensagens a André, Henrique e Edna, dizendo que eles tentaram cortá-lo da herança, mas que ele sabia de tudo, inclusive onde André e Edna moravam e não ia deixar barato. Ele parava de madrugada na porta de Edna e gritava a noite inteira que ela era uma ladra do dinheiro dele. Dizia para todos na cidade que a mãe dele morreu por culpa de Jorge. Em uma ocasião, Edna chegou até a ser abordada em casa por um corretor de imóveis, que disse que Leonardo o mandara para avaliar a casa, que seria posta à venda quando ele "despejasse e colocasse a velha na rua da amargura".

O exame foi feito e deu positivo, Jorge era pai de Leonardo. Uma vez reconhecida a paternidade, Leonardo entrou na Justiça pleiteando a parte dele na herança.

No direito de família e sucessões, um dos fundamentos é que não pode haver diferença entre filhos. E, além disso, o direito ao reconhecimento da filiação nunca prescreve, o que prescreve é o direito de requerer a herança, que é de cinco anos após o falecimento.[44]

---

44. Prescrição da petição de herança conta da abertura da sucessão e não é interrompida por investigação de paternidade. *Superior Tribunal de Justiça* – STJ, 29 jun. 2024. Disponível em https://www.stj.jus.br/sites/portalp/Paginas/Comunicacao/Noticias/2024/20062024-Prescricao-da-peticao-de-heranca-conta-da-abertura-da-sucessao-e--nao-e-interrompida-por-investigacao.aspx. Acesso em 27 jul. 2024.

Questões de herança

Nesse caso, portanto, apesar de nunca ter havido má-fé por parte de Edna e dos filhos na divisão dos bens — já que eles nem imaginavam a existência de Leonardo —, a verdade é que Edna, que tinha ficado com tudo, vai ter que entregar 50% para Leonardo. Talvez você pense: mas, então, o certo não seria Leonardo dividir a parte dele com os outros irmãos?

E foi aí, principalmente, que André e Henrique erraram. A renúncia à herança é um ato irrevogável.[45] Isso quer dizer que eles abriram mão, para sempre, de serem reconhecidos como herdeiros do pai. Quando um herdeiro renuncia, não é possível fazer a renúncia em favor de outra pessoa. Ela vai beneficiar quem estiver na mesma linha sucessória. A parte deles só foi para a mãe porque, até então, não havia mais nenhum herdeiro naquele grau. Assim, quando Leonardo apareceu, o valor que Edna recebeu, que teoricamente seria dos filhos, teve que voltar para o inventário e ser integralmente repassado para Leonardo. Por isso, é preciso que você sempre esteja muito bem orientada juridicamente. A solução, aqui, era eles terem recebido, sim, a parte da herança e, aí, feito uma doação para a mãe. Se isso tivesse acontecido, o cálculo seria a herança deixada pelo pai dividida por três. Com a chegada de Leonardo, eles teriam que devolver ao irmão apenas 1/3 do valor total, e não tudo, como aconteceu.

---

45. ACEITAÇÃO e renúncia da herança. _Normas legais_, [s.d.]. Disponível em: https://tinyurl.com/47837bzs. Acesso em: 25 set. 2023.

Q | Miriane Ferreira

A importância de um testamento

Seu José era viúvo e pai de três filhos: Ida, Paulo e Reinaldo. Dos três, apenas Ida não saiu de casa para formar uma nova família; Paulo e Reinaldo viviam com as mulheres e pouco visitavam o pai. Mais velha dos três, Ida não se casou, não teve filhos e dedicou toda a vida adulta a cuidar dos pais idosos. A esposa de seu José, dona Norma, faleceu quando os dois fizeram 68 anos, depois de três anos sofrendo com um câncer e sendo cuidada pela filha e pelo marido.

A família não era rica, mas seu José conservava algumas economias poupadas ao longo de uma vida de trabalho muito duro como bancário. Ele também tinha a casa de três quartos onde morava, que, com a abertura de uma universidade e uma estação de metrô no bairro, tinha valorizado muito. O terreno era grande e cobiçado pelas construtoras que erguiam arranha-céus naquela região da cidade.

Já viúvo, aos 75 anos, seu José decidiu fazer uma doação de parte de suas economias para Ida. Ele queria reconhecer a dedicação da filha aos pais durante todos esses anos. Além disso, seu José se preocupava em deixá--la amparada quando ele faltasse, já que Ida tinha aberto mão do trabalho pouco depois dos 40 anos para se dedicar exclusivamente à mãe doente. Então, ele calculou um valor que não lhe faria falta ao longo dos anos que lhe restavam e fez a transferência para Ida — aquilo representava mais ou menos 50% do valor que ele tinha poupado. Como os outros filhos conversavam pouco com ele, acabaram nem sabendo daquela decisão, e seu José também não achou importante informar. Afinal, era apenas o justo.

Quando completou 80 anos, seu José foi diagnosticado com uma doença degenerativa nos ossos, que muito rapidamente o colocou em uma cadeira de rodas e o impediu de continuar com as atividades cotidianas, como tomar banho ou comer sozinho. Ida cuidou de tudo para que ele recebesse os cuidados de que precisava. Com o tempo, as despesas médicas do pai cresceram muito e já eram superiores aos vencimentos da aposentadoria dele. Quando as coisas apertaram, Ida usou parte do dinheiro que tinha recebido em doação para cobrir os tratamentos. Os tempos ficaram difíceis e, apesar dos apelos de Ida, Paulo e Reinaldo não ofereceram nenhum suporte financeiro, emocional ou de cuidado.

Na semana em que Ida completou 67 anos, o pai, aos 91, faleceu. Ida cuidou de todos os arranjos para o velório e o sepultamento. Os irmãos, que eram sócios em uma loja de artigos para carros, disseram para ela que não poderiam ajudar e só iriam para o velório depois que a loja fechasse, às 22 horas.

Alguns dias após o enterro, sob o pretexto de arrumar as coisas do pai, os irmãos apareceram na casa.

Estavam interessados em tirar dali tudo que pudesse ter valor de venda. Móveis, roupas, as louças da mãe, a coleção de fotografias antigas do pai. Quando questionaram como Ida estava se mantendo até então, ela acabou contando que, muitos anos antes, o pai fizera uma doação em dinheiro para ela.

Paulo e Reinado começaram uma guerra contra Ida. Questionavam a doação feita e exigiram que o dinheiro fosse restituído por ela na partilha. E, de olho na valorização daquela região, decidiram que ela teria que desocupar o imóvel o mais rápido possível, para que fosse vendido.

Agora, Ida estava na terceira idade, sem fonte de sustento, com o risco de ter de sair da casa onde morava, sem apoio familiar nenhum e sem saber como se proteger das atitudes dos irmãos.

A história de Ida é mais uma daquelas muito comuns. Colocamos, como sociedade, toda a responsabilidade de cuidados nos ombros das mulheres da família — perceba quanto é comum ao seu redor as filhas serem aquelas que realmente são presentes na vida de pais idosos, arcando com toda a carga emocional e, muitas vezes, também financeira. Essas mulheres acabam, como Ida, abrindo mão da vida pessoal para isso, sem qualquer recompensa. Por essa razão, inclusive, existe um projeto de lei que visa garantir que cuidadoras não remuneradas de idosos ou de pessoas com deficiência recebam pensão no caso do falecimento de seu ente querido.[46]

Ida até tentou fazer com que os irmãos colaborassem, porque o certo seria dividirem tudo. Ela poderia, inclusive, ter acionado os irmãos judicialmente para pagarem uma pensão e contribuir no custeio das despesas do pai.[47]

Dada a situação toda, era justíssimo o pai desejar proteger essa filha. O fato, porém, é que Ida e seu José não tinham as informações legais que teriam garantido que tudo corresse segundo o desejo dele. Isso porque tudo o que um pai fizer em benefício de um filho depois da dependência legal é considerado antecipação de herança. Então, se ele falece e é possível ver, no extrato bancário, que ele fez um monte de transferências para um filho só, os irmãos podem, sim, pedir compensação.

Lembra que eu expliquei, logo no começo deste capítulo, sobre a parte legítima da herança, ou seja, aqueles 50%

---

46. HAJE, Lara. Projeto garante benefícios previdenciários para cuidadoras não remuneradas de idosos ou pessoas com deficiência. *Câmara dos Deputados*, 22 fev. 2022. Disponível em: https://www.camara.leg.br/noticias/852528-projeto-garante-beneficios-previdenciarios-para-cuidadoras-nao-remuneradas-de-idosos-ou-pessoas-com-deficiencia/. Acesso em: 30 set. 2023.

47. PORTO, Ademarcos Almeida. Filhos devem pagar pensão aos pais, na medida de suas condições e da necessidade daqueles. *Jusbrasil*, 2018. Disponível em: https://www.jusbrasil.com.br/artigos/filhos-devem-pagar-pensao-aos-pais-na-medida-de-suas-condicoes-e-da-necessidade-daqueles/674201559. Acesso em: 30 set. 2023.

com os quais a pessoa pode fazer o que bem entender? Se seu José tivesse deixado explícito e formalizado que a doação feita à filha estava saindo dessa parte, ela estaria totalmente protegida e poderia ficar tranquila, porque esse dinheiro não seria descontado da sua herança.

E tem, ainda, a questão da casa onde ela morou a vida toda enquanto cuidava dos pais. De fato, os irmãos podem, sim, decidir vendê-la, porque só quem tem direito de permanecer numa casa até o fim da vida, após a morte do proprietário ou da proprietária, é a pessoa que ficou viúva.[48] Só que também seria possível deixar metade da casa para a filha.

A conta funcionaria assim: os bens de seu José eram a casa e a poupança. Se eles tivessem sido orientados, teriam deixado consignado que as doações saíram da parte disponível. Nesse caso, Ida teria ficado com 50% da poupança (legitimamente) e poderia ficar com 50% da casa. Além disso, entraria na divisão da outra metade, em partes iguais às dos outros dois irmãos: dos 50% restantes de tudo ficariam cerca de 16,66% para cada um. Ou seja, Ida sairia como herdeira de 66,66% do patrimônio do pai. Significa que, mesmo tendo que sair da casa, ela teria mais recursos para poder comprar outro imóvel e não reduzir tanto seu padrão de vida.

E qual seria a forma de fazer isso? O testamento, que eu tanto defendo e penso que deveria ser algo bem mais normalizado

---

48. De acordo com o texto do anteprojeto da reforma do Código Civil, o direito de habitação poderá se estender a qualquer herdeiro que morava na casa e que esteja em situação de vulnerabilidade.

no Brasil. Mas ainda bem que, embora discretamente, seu uso tem crescido, ainda que de maneira tímida: em 2022, foram realizados 33,5 mil testamentos no país todo.[49]

Ele pode ser feito de duas maneiras. A primeira, mais segura, é por escritura pública. Não é exigida a presença de um advogado e pode ser realizado diretamente no cartório. Apesar disso, é comum as pessoas procurarem assessoria jurídica ao elaborar um documento tão importante. O testamento também pode ser genérico, no qual você não especifica os bens, e sim o percentual do patrimônio, que não pode passar de 50%, ou seja, da parte disponível. Mas existe uma exceção: o polêmico caso do testamento do apresentador Gugu Liberato trouxe uma nova interpretação pelos tribunais. Firmou-se o entendimento de que o dono da herança pode dispor da totalidade de seus bens por meio do testamento, desde que todos os herdeiros necessários sejam incluídos e contemplados.[50] Meu único alerta sobre o testamento por escritura

---

49. GOMES, Guilherme. Cartórios registraram número recorde de testamento, inventário e partilha em 2022. *Instituto Brasileiro de Direito de Família*, 17 jan. 2023. Disponível em: https://tinyurl.com/5n8zf82f. Acesso em: 26 set. 2023.

50. Testamento pode tratar de todo o patrimônio, desde que respeite a parte dos herdeiros necessários. *Superior Tribunal de Justiça* – STJ, 27 jun. 2023. Disponível em https://www.stj.jus.br/sites/portalp/Paginas/Comunicacao/Noticias/2023/27062023-Testamento-pode-tratar-de--todo-o-patrimonio--desde-que-respeite-a-parte-dos-herdeiros-ne-cessarios.aspx. Acesso em: 27 jul. 2024.

pública é que as testemunhas do ato não podem ter vínculos diretos com o beneficiário, sob pena de nulidade. Fora isso, ele é extremamente seguro.

A segunda forma de lavrar um testamento, que eu não recomendo por quase sempre acabar dando problema, é por instrumento particular. O testamento particular pode ser escrito de próprio punho ou ser impresso, e é essencial que seja lido e assinado por quem o escreveu na presença de pelo menos três testemunhas, que também devem assinar com nome, número do documento e data. O grande problema é que, se essas testemunhas falecerem, não será possível confirmar o testamento. Além disso, a maioria dos testamentos de famosos que vemos sendo questionados na mídia foi feita por instrumento particular. Mas, caso ainda assim essa seja sua opção, inclua pelo menos seis testemunhas e filme todo o ato.

Gente, agora um conselho importante: acredito que todas as mulheres casadas ou em união estável deveriam pedir a seus parceiros que façam um testamento as beneficiando. Como já falei, insisto que o patrimônio deve ser primeiramente preservado para a viúva. Por exemplo, caso você seja casada pelo regime de comunhão parcial de bens e seu marido faleça, junto com seu grande amor você perderá metade do patrimônio adquirido durante a união, seja para filhos ou para enteados. Se houver um testamento, o percentual deles será reduzido para 25%. Na prática, isso fará uma boa diferença.

> Q | Questões de herança

Deserdar é possível?

■ ■ ■

Dona Rosa era uma aposentada de 83 anos que morava numa cidade litorânea. Ela fora casada por 50 anos com Januário, que era mais velho e tinha falecido havia cerca de quinze anos. Juntos, os dois construíram uma vida excelente e, aproveitando algumas boas oportunidades do emprego público dele em uma petroleira, compraram alguns apartamentos na cidade. Como era um lugar bem turístico, ela os alugava, às vezes, por longos períodos, e outras, por temporada, e vivia muito bem com essa renda, num apartamento de alto padrão de frente para a praia.

Com Januário, ela teve dois filhos: Eduardo, agora com 52 anos, e Marcelo, com 47. Marcelo sempre fora superdedicado e estudioso, tirou o melhor dos estudos que os pais lhe proporcionaram. Formou-se médico e se mudou para a capital, onde trabalhava muito e criou sua própria família. Já Eduardo, desde muito novo, demonstrou que não tinha muita aptidão para estudos e trabalho. Não se casou e ficou morando na casa da mãe, às vezes fazia alguns bicos, mas, na maior parte do tempo, estava desempregado. Como a mãe tinha dinheiro para sustentá-lo, ele não se importava de passar o dia todo na praia, bebendo com os amigos.

Acontece que, conforme os anos foram se passando, e especialmente após a morte do pai, Eduardo começou a se perder cada vez mais. Chegava bêbado várias vezes por semana e, sempre que estava em casa, colocava música alta e fazia barulho, impedindo o descanso da mãe e causando problema com os vizinhos do prédio onde moravam havia décadas. Rosa se sentia muito envergonhada.

Eduardo começou a tratar a mãe cada vez pior, acusando-a de ser completamente inútil, dizendo que ela era uma velha que não fazia nada, que não era nem capaz de cuidar da casa e fazer comida, que não devia nem estar viva. Ele a xingava de nomes horríveis, aos gritos, coisa que todos os vizinhos escutavam. Alguns chegaram, inclusive, a chamar a polícia, mas dona Rosa sentia pena do filho e sempre dizia que não era nada, não queria acusá-lo, porque achava que era seu dever como mãe protegê-lo.

Aos 81 anos, dona Rosa recebeu um diagnóstico de câncer de estômago e sua qualidade de vida foi decaindo. Ela frequentemente precisava ir à capital fazer tratamento e, lá, se hospedava na casa do filho Marcelo, que a ajudava com todas as questões de saúde. Eduardo, que nunca tinha se dado bem com o irmão, mandava mensagens para a mãe, dizendo que ela não devia voltar para casa, que ela só valorizava Marcelo e que, se tivesse a oportunidade, ele ia matar o irmão. Era um comportamento que acendia muitos alertas, e dona Rosa, já abatida, foi ficando cada vez pior. Quando estava em seu apartamento no litoral, viviam em pé de guerra.

Até que um dia, sem aguentar mais, dona Rosa decidiu confidenciar a Marcelo tudo o que o irmão vinha fazendo. Ela tinha aguentado calada com a esperança de que os dois se reconciliassem, mas agora via que não era mais possível. Marcelo, então, pediu que a mãe fosse morar com ele. Como ele sabe que, quando ela falecer, a disputa pela herança será horrível, tem conversado com a mãe sobre a possibilidade de passar em vida para Eduardo o apartamento onde ele mora e tirá-lo do resto da herança. Mas dona Rosa acredita que não é possível deserdar um filho e sofre muito pensando se isso seria justo.

Para finalizarmos este capítulo, preciso dar um alerta: é possível, sim, e às vezes até recomendado, um herdeiro necessário ser deserdado. Na teoria, parece bem difícil, mas não é. Dentre os motivos que autorizam um filho a ser deserdado está o cometimento de crime contra a honra do casal (daquele que vai deixar a herança ou seu cônjuge). Crimes contra a honra nada mais são do que xingar, difamar e caluniar. Algo que Eduardo fazia direto.

E a história de dona Rosa, infelizmente, não é nada extraordinária. Apenas nos primeiros cinco meses de 2023, o Disque 100, do Ministério de Direitos Humanos, recebeu 47 mil denúncias de violência contra idosos, incluindo física, psicológica, por negligência e financeira.[51]

Aquele filho que, por exemplo, manda um monte de mensagens para o pai, xingando e caluniando a madrasta, pode ser deserdado, desde que seja realizado um boletim de ocorrência, e o filho acabe condenado criminalmente. E, há pouco tempo, foi sancionada uma lei que determina que, após essa condenação, o herdeiro indigno (sim, esse é o nome oficial) seja excluído automaticamente.[52]

Então, minha gente, fique de olho, porque pai e mãe é para respeitar sempre!

---

51. TV SENADO. Violência contra pessoa idosa: Disque 100 recebeu mais de 47 mil denúncias no início de 2023. *Senado Federal*, 6 ago. 2023. Disponível em: https://tinyurl.com/yc43v9bs. Acesso em: 30 set. 2023.

52. AGÊNCIA SENADO. Entra em vigor exclusão automática de herdeiro indigno da divisão de bens. *Senado Notícias*, 24 ago. 2023. Disponível em: https://www12.senado.leg.br/noticias/materias/2023/08/24/entra-em-vigor-exclusao-automatica-de-herdeiro-indigno-da-divisao-de-bens. Acesso em: 30 set. 2023.

CONCLUSÃO

A mulher legalmente informada

Espero que, em nossa jornada por estas páginas, eu tenha conseguido ensinar você, minha amiga, a realmente se proteger e ficar mais segura dos seus direitos — principalmente, aprendendo com os erros de outras mulheres que foram exploradas ou abusadas de formas que poderiam ter sido evitadas.

Não dá para controlar as situações que vamos enfrentar na vida; mas dá, sim, para se preparar para elas. Como falei lá no começo do livro, eu sei que nem você nem ninguém se casa pensando em separar, mas manter sua independência e saber como se proteger juridicamente pode ajudar muito, caso isso aconteça. Foi o que a Bella sentiu na pele.

▪▪▪

Bella, hoje com 40 anos, foi uma atriz mirim de muito sucesso. Ela começou aos 3 anos, fazendo comerciais. Logo ganhou uma chance em um programa de TV infantil e explodiu. Pelo país, lotava todos os shows, licenciava sua imagem para brinquedos e roupas, gravava discos.

E, assim, Bella cresceu em frente às câmeras.

Quando completou 15 anos, começou seu primeiro namoro, com Oscar, seu empresário, de 33, com quem trabalhava desde que tinha 8. Primeiro, os dois se conheceram na agência que empresariava a carreira artística da menina, mas depois, quando Bella fez 12 anos, ele se tornou um empresário independente e passou a tomar conta de todos os contratos.

Quando a atriz alcançou os 18 anos, surgiu uma oportunidade de ter um programa na maior emissora do país. Oscar, então, a convenceu de que ela seria mais respeitada se fosse uma mulher casada e deixasse a imagem de menininha para trás. Com a bênção dos pais de Bella, Cida e Maurício, eles se casaram poucos meses após o aniversário dela. Cida, porém, sabia que era importante que Bella mantivesse alguma independência, já que o sustento da família, em grande parte, dependia da filha. Contratou uma advogada que os aconselhou sobre contratos e regimes de casamento. Sentiram-se, então, protegidos não apenas legalmente, mas pela confiança que tinham em Oscar.

O programa foi um sucesso. Aos 20 anos, Bella era uma apresentadora e atriz famosa, protagonista de novelas e com programa solo em horário nobre. Bella se tornou um gigante comercial, licenciando produtos que iam de esmaltes a utensílios de cozinha. Oscar, nos bastidores, controlava incansavelmente os passos de Bella. Era um sargento, mandando na alimentação, nos exercícios, nos contratos, nos clientes, nos textos, no figurino, nos passeios, nas imagens que iam a público. Absolutamente todos os aspectos da vida dela eram controlados, medidos e autorizados, ou não, por Oscar.

Essa fase da carreira de Bella durou até os 30 anos. Cansada das viagens, da carga de trabalho intensa e sofrendo a pressão de Oscar, que queria um filho, ela resolveu diminuir o ritmo. Oscar, a princípio, ficou contrariado. Mas a perspectiva de um filho o animou, e ele concordou.

Eles se mudaram do Rio de Janeiro para São Paulo e se tornaram sócios em múltiplas empresas. Uma escola de artes dramáticas, uma rede de clínicas de estética, uma produtora de filmes e de conteúdo para a internet, além de todos os produtos licenciados que Bella tinha no país e dos trabalhos como atriz e garota-propaganda que ela fazia com regularidade. A imagem e o talento de Bella eram uma máquina de lucros.

Um ano depois, Bella engravidou. Finalmente deu a Oscar o filho homem que ele tanto desejava. Quando Daniel completou 5 anos, Oscar sofreu um grave acidente de moto e levou um ano e meio para se recuperar, entre internação, cirurgias e reabilitação. Bella nunca saiu do lado dele e, pelas redes sociais, informava os fãs sobre o processo de recuperação. Nesse período, ela se concentrou na família e na reabilitação do marido e, inclusive, recusou trabalhos que a deixariam longe por muito tempo. A família estampava capas de revista e portais de fofoca de celebridades como um exemplo a ser seguido.

Mas, apesar da dedicação de Bella, o casamento não ia tão bem. Bella estava com 37 anos, e Oscar sempre dizia que ela estava ficando velha, que não serviria para lhe dar outro filho homem. Apesar do corpo escultural, Oscar repetia que ela estava murcha, caída e deveria logo intensificar os procedimentos estéticos. Bella respondia que estava envelhecendo como todo mundo, que se sentia muito bem e estava em excelente forma, mas Oscar nunca a deixava em paz.

Um ano e meio depois do acidente, tudo voltou a seu curso. Bella continuava trabalhando e Oscar, cuidando dos negócios. Mas, quando Daniel completou 8 anos, Bella e Oscar começaram a brigar mais. A causa era sempre a mesma: dinheiro. Ela não entendia como poderiam estar com problemas financeiros quando as empresas tinham faturamento mensal na casa dos milhões. Aos poucos, oficiais de justiça passaram a bater à porta de Bella, inclusive no estúdio onde ela gravava. A linha de crédito da empresa havia sido suspensa no banco, e, se antes eles eram notícia nos portais de celebridades por serem o casal modelo, agora frequentavam as colunas como caloteiros e golpistas. Oscar sempre dizia que era erro do banco ou da Justiça e que ele estava colocando os advogados para resolver, que Bella não precisava se preocupar.

Um dia, enquanto Oscar viajava para negociar alguns contratos, Bella foi até o escritório das empresas e revirou as gavetas. Precisava descobrir o que estava acontecendo. Encontrou contratos e documentos que desconhecia, apesar da sua aparente assinatura nos papéis. Também achou extratos de inúmeras contas a que nunca tivera acesso, recibos de viagens e saques de verba injustificados, impostos e encargos trabalhistas atrasados de todos os funcionários.

Em choque, Bella resolveu que esperaria Oscar voltar de viagem para confrontá-lo. No dia seguinte, ao sair do estúdio, teve o carro confiscado em uma ação de busca e apreensão. Ela descobriu ali que o carro havia sido alienado pelo marido como garantia de um empréstimo.

Quando Oscar voltou para casa, à noite, Bella estava esperando com as cópias de todos os documentos que encontrou no escritório. Àquela altura, o carro apreendido já era notícia em todas as páginas de fofocas. Ela, então, confrontou o marido. Exigiu saber o que estava acontecendo com as finanças da empresa e da família e para onde estava indo o dinheiro. Oscar reagiu, disse que ela estava maluca, que não havia nada errado, que tudo era erro do banco. A discussão se acirrou, e, ao ver que Bella não cederia e insistia em questioná-lo, Oscar gritou que ela "calaria a boca por bem ou por mal" e deu chutes e safanões nela. Bella correu, se trancou no quarto do casal e ligou para a irmã, que chamou a polícia.

Com a chegada da polícia, todos foram levados à delegacia, onde Bella registrou uma ocorrência por violência doméstica. De lá, com a ajuda da irmã, ela ligou para uma advogada, que imediatamente pediu uma medida protetiva contra Oscar. No divórcio, ela pôde usar todas as provas que havia reunido, além de gravações de câmeras de segurança da casa, para pedir a guarda unilateral de Daniel, dado o comportamento violento de Oscar. O ex-marido, inconformado, vai diariamente às redes sociais acusar Bella de alienação parental e de afastá-lo do filho, que diz ser "a coisa mais preciosa da vida dele", ainda que, ao longo do casamento, ele fosse ausente em todas as atividades da vida do menino. Bella permite que o marido fale com o filho ao telefone, porém, mais de uma vez, já o pegou falando mal dela para o menino. A advogada também acionou no processo a previsão de multa por violência psicológica e patrimonial da Lei Maria da Penha.

No dia seguinte, Bella protocolou o pedido de divórcio e contratou uma auditoria para avaliar a saúde financeira da empresa e da família. Com três meses de trabalho, a auditoria já contabilizava fraudes e desvios da ordem de R$ 20 milhões. Bella, que temeu por seus contratos publicitários com a exposição da sua situação familiar, foi vista como corajosa por denunciar a agressão física, psicológica e, agora, também patrimonial, e viu o interesse do público e dos anunciantes por ela crescer.

Com os novos contratos, Bella está colocando as empresas de pé novamente e profissionalizou a gestão dos negócios com uma equipe experiente e confiável — e agora com uma *holding* familiar que garante que o ex-marido não tenha acesso a mais nada do que ela venha a possuir, e Daniel tenha direito a tudo. Bella faz terapia para se recuperar das agressões e para dar ao filho o melhor apoio possível, consideradas as circunstâncias.

Oscar agora espera os resultados das investigações de fraude contábil que estão em curso e deve responder na Justiça cível e criminal pelos desvios incorridos durante sua administração das empresas. No meio artístico, onde circulou nos bastidores por mais de trinta anos, ele é um pária. Atualmente, ele não tem uma ocupação e ainda usa as redes sociais para repetidos ataques públicos a Bella.

A história da Bella podia ter acabado muito, muito diferente do que acabou, tanto psicológica quanto financeiramente. Desde o começo ela se colocou em uma situação supervulnerável, que eu não recomendaria a ninguém, mas que a gente sabe que pode, sim, acontecer. A dinâmica de poder do relacionamento dela e do marido era desequilibrada, não só por causa da idade, mas também da autoridade que Oscar exercia sobre ela, sendo seu empresário e tomando a maioria das decisões sobre a vida dos dois.

Para a sorte da ex-atriz mirim, o marido, apesar de controlador, não pensou em dar um golpe financeiro ainda no começo da relação, e aceitou o regime de comunhão parcial de bens — que, vocês sabem, é um dos que podem proteger a mulher e garantir a justiça, quando o casal está começando a vida e vai construir um patrimônio juntos. Assim, ela não perdeu por completo bens que Oscar poderia ter colocado no nome dele (ou de outros), como a casa onde moravam. Isso também significou, claro, que Bella acabou tendo consequências financeiras e não conseguiu se livrar totalmente do prejuízo causado pelas falcatruas e pela má administração de Oscar, mesmo reunindo provas dos golpes e das assinaturas falsificadas. O mais importante — que, acredito, possa servir como lição para todas nós, mulheres —, foi que, como nunca deixou de trabalhar, ela pôde se recuperar, pagar sua parte do que devia e se reerguer.

Quando falo da importância de ter essa independência, sua fonte de renda e dispositivos legais para se proteger, meninas, é justamente porque sei que é esse tipo de coisa que pode nos ajudar a nos levantar, com a maior tranquilidade possível, diante das situações traumáticas que enfrentamos como mulheres. Além da violência física, Bella sofreu nas mãos de Oscar algo que, hoje, entendemos como violências psicológica e patrimonial, que também contam com proteção legal e jurídica.

O que a história de Bella nos ensina e que, espero, dê esperança a todo mundo que também está passando por uma situação difícil, é que é possível, sim, se proteger e refazer sua vida! Essa proteção depende apenas de nós, da informação que temos e do que decidimos fazer com ela. Se é seu caso, procure apoio antes de tudo e, então, peça ajuda para colocar em prática tudo o que aprendeu aqui.

E, se você tem a sorte de usufruir de uma vida familiar tranquila e feliz, celebre, minha amiga — e também aproveite para ter as conversas difíceis que precisam existir e para fazer quaisquer preparações que considere necessárias. Afinal, juntas, nós podemos ser mais poderosas e legalmente informadas.

Recursos

Espero que, ao ler este livro, você tenha encontrado os conselhos para se proteger e se tornar uma mulher cada vez mais poderosa e ciente dos seus direitos. Abaixo, você vai encontrar alguns recursos que poderá acessar para continuar se informando e, também, se for necessário, para pedir ajuda.

Instagram @dra.mirianeferreira
TikTok @dra.mirianeferreira
YouTube @Dra.mirianeferreira
X @Dra_Miriane

Nas minhas redes, eu compartilho todos os dias muitas informações que podem complementar as que você já aprendeu aqui. Vale a pena seguir para continuar se informando!

Site do Instituto Brasileiro de Direito de Família

https://ibdfam.org.br/

No site dessa instituição não governamental, você encontra inúmeras matérias, escritas por especialistas na área, que detalham assuntos diversos relacionados ao direito de família, desde divórcio até herança, passando por muitos outros detalhes.

Central de Atendimento à Mulher
Ligue 180

Telefone gratuito, que funciona 24 horas em todo o país e recebe denúncias de violência contra a mulher. É anônimo e, além de estar disponível em todo o Brasil, também pode ser discado a partir de outros dezesseis países: Argentina, Bélgica, Espanha, Estados Unidos (São Francisco e Boston), França, Guiana Francesa, Holanda, Inglaterra, Itália, Luxemburgo, Noruega, Paraguai, Portugal, Suíça, Uruguai e Venezuela.

Disque Direitos Humanos
Disque 100

Número do Ministério dos Direitos Humanos que recebe denúncias de violência contra grupos minoritários, como crianças e adolescentes, pessoas idosas, pessoas com deficiência, população LGBTQIA+, entre outros. Funciona 24 horas por dia e é gratuito.

Delegacias Especializadas no Atendimento à Mulher

São unidades da Polícia Civil com profissionais capacitados para lidar com casos de violência doméstica, sexual, entre outros. Este mapeamento traz informações sobre as quatrocentas unidades disponíveis no país:

http://uspmulheres.usp.br/rede-sp-ddms/

Casa da Mulher Brasileira

Espaço de atendimento integrado para mulheres em situação de violência ou qualquer tipo de abuso. Apesar de haver um acordo para a construção de quarenta delas, até julho de 2023 só havia sete em funcionamento, nas cidades de Campo Grande (MS), Curitiba (PR), Fortaleza (CE), São Paulo (SP), Boa Vista (RR), Brasília (DF) e São Luís (MA). Seus endereços podem ser vistos em:

https://agenciabrasil.ebc.com.br/direitos-humanos/noticia/2023-04/capitais-terao-ao-menos-uma-casa-da-mulher-brasileira

Defensorias públicas

Recurso presente em todos os estados para atender a quem precisa do apoio de um profissional de direito, mas não pode custear por si mesma. No site da Associação Nacional das Defensoras e Defensores Públicos (Anadep), você encontra uma lista com o contato de todos esses profissionais:

https://www.anadep.org.br/wtk/pagina/defensorias_nacionais

Este livro foi impresso pela Braspor,
em 2024, para a HarperCollins Brasil.
O papel do miolo é avena 80g/m²,
e o da capa é cartão 250g/m².